AF268590

# VENGA
## A Nosotros Tu Reino

PATRICIA SAID ADAMS

# DEDICACIÓN

Este libro se lo dedico a mi difunto marido, Hank Adams, que siempre estuvo presente en mi vida y me animó en todo lo que emprendía.

# AGRADECIMIENTOS

Este libro sobre el Reino de Dios es una ofrenda al Espíritu Santo que lo inspiró en amoroso servicio. Todos los errores son míos, toda la inspiración Suya. Cuando recuerdo los cuatro años que me tomó escribir este libro en dos versiones diferentes, opino que mi habilidad para expresar la inspiración ha mejorado mucho. Sin embargo, el mérito es realmente suyo. Tal y como sucede a menudo cuando escribo mi blog semanal, me parece percibir que lo que estoy escribiendo supera el punto en el que me encuentro en realidad. Y aprendo de lo que escribo. Y por eso tengo que depender mucho de su ayuda.

Me gustaría agradecerle especialmente a Nancy Ashmore de AshmoreINK en Northfield MN por sus excelentes habilidades de edición que tomaron la materia prima de lo que escribí y lo convirtieron en una prosa atractiva y aun así lograron mantener mi voz en todo momento.

También quiero mencionar a mis hijos, Jennifer, Jonathan y Peter, y a sus cónyuges, Jason, Frances y Caroline, y a mis cinco nietos, Jack, Scott, Andrew, Davis y Sarah Grace, quienes siempre me han enseñado a amar. Me inspiran con su amor y su presencia en mi vida.

Y, por último, gracias, Señor, por estar en mi vida en todo momento, aun cuando no era consciente de tu presencia y tu amor. Lo que hoy soy, te lo debo a ti por amarme, por sanarme de aquellas cosas, ideas y suposiciones que me limitaban y por llamarme siempre a entregarme más. Amén.

PATRICIA SAID ADAMS

amor. Lo que hoy soy, te lo debo a ti por amarme, por sanarme de aquellas cosas, ideas y suposiciones que me limitaban y por llamarme siempre a entregarme más. Amén.

# CONTENIDO

# INTRODUCCIÓN

Queridos lectores: Los invito a que lean este trabajo sobre el Reino de Dios con la mente y el corazón abiertos y con la voluntad de considerar nuevas ideas, de reflexionar sobre ellas para ver si tienen mérito y si pueden llegar a arraigar en su ser. Si sólo puede abrirse un poco, tal vez sea suficiente para empezar a ampliar su concepto de Dios, del Reino y de su lugar en él. Estas ideas están basadas en las palabras de Jesús sobre el Reino en los Evangelios, a las que se añade mi propia experiencia como seguidora de Cristo desde hace mucho tiempo, además de lo que se me ha enseñado a lo largo de este libro.

La visión que muchos cristianos tienen del Reino -que es el cielo, el lugar perfecto al que vamos después de morir si nos portamos muy, muy bien- nos limita en cuanto a lo que podemos hacer y a la forma en que podemos estar con Dios. Adoptar ese punto de vista nos transforma en seguidores de normas que buscan ser perfectos obedeciendo todos los mandamientos. Basando nuestras acciones en una lectura literal del mandamiento de Jesús: "Sed, pues, perfectos como vuestro Padre celestial es perfecto,"[1] nos limitamos a una sola faceta de lo que podemos ser en nuestra relación con Dios. Si queremos analizar un poco más a fondo el significado de esta frase, veamos lo que significa la antigua palabra griega teleios. Se traduce como "perfecto" en nuestras Biblias modernas. Pero en el griego antiguo el significado se refería más a la perfección en el sentido de ser completo o íntegro[2]. Así que podríamos volver a formular la frase de la siguiente manera: sed íntegros y completos como vuestro Padre que está en los cielos es íntegro y completo.

Intentar ser perfectos no sólo limita lo que somos y lo que podemos ser con Dios, sino que también limita lo que pensamos de Dios. Entonces Dios se vuelve el encargado de hacer cumplir las reglas, que nos pide un comportamiento cada vez más perfecto y nos castiga por cualquier incumplimiento. Dios se limita a ser el gran y caprichoso Padre en el Cielo que nos lanza rayos desde su carroza.

No creo en absoluto que podamos empezar a comprender a Dios en su totalidad: el Creador de un universo increíblemente diverso e interdependiente, el Sustentador de toda la vida, el Ser sin comienzo ni fin, el Amor en sí mismo, Aquel que quiere una relación íntima con cada uno de nosotros, y más. Luego está la Trinidad, es cómo Dios aparece en tres formas o personas, cómo sigue creando en este mundo, cómo se relaciona con sus criaturas, cómo mantiene unida la creación, cómo ama y sostiene. Ni me imagino la mente que creó la Tierra y sus seres vivos. ¿Y qué tal usted?

En cambio, veamos las numerosas referencias que aparecen en las enseñanzas de Jesús a Dios como Aquel que nos abraza, nos ama y nos perdona, que quiere acompañarnos para hacer realidad el ser que Dios creó para cada uno de nosotros. Las "flores del campo"[3] y la parábola del hijo pródigo[4] son sólo dos ejemplos que me vienen a la mente. Dios atiende todas nuestras necesidades; y Jesús pregunta: "¿Por qué, pues, estamos ansiosos?". Y en la Parábola del Hijo Pródigo Dios recibe de nuevo a sus hijos e hijas descarriados, sin importar lo que hayan hecho con su herencia.

¿No acaban de echar por tierra estos dos pasajes esa idea del Padre Castigador?

Un pensamiento rígido sobre nuestra relación con Dios nos limita mucho en nuestra relación con Él. Esto nos mantiene más en el lado humano de la ecuación que en el lado del Reino. Hace que sigamos siendo hijos, en lugar de ser colaboradores o cocreadores de Dios. Y, desde luego, no permite que la acción del Espíritu Santo transforme nuestra vida y nos convierta en seres humanos capaces de amar, de vivir en este mundo sin ser de este mundo.

* * * * *

Después de su bautismo y de su estancia en el desierto, Jesús subió a la sinagoga de Nazaret, donde extendió el pergamino con este pasaje de Isaías:

El Espíritu del Señor está sobre mí,

porque me ha ungido para anunciar el evangelio a los pobres.

Me ha enviado para proclamar libertad a los cautivos,

y la recuperación de la vista a los ciegos;

para poner en libertad a los oprimidos;

para proclamar el año favorable del Señor.[5]

Aquí Jesús declara su propósito y comienza su misión de difundir esta buena nueva -el Evangelio sobre el Reino de Dios- a todos los que acudían a escucharle y a presenciar sus curaciones.

El Reino es uno de los principales temas de los Evangelios sinópticos; hay infinidad de referencias a él en las enseñanzas y en las parábolas. "El Reino de Dios o el Cielo es como..." es una habitual introducción al tema. Y aunque no lo introduzca explícitamente, como en el Sermón de la Montaña, no deja de ser el tema. Jesús vino a anunciar la buena noticia a los pobres, la libertad a los prisioneros, la vista a los ciegos, la libertad a los cautivos y el año de gracia del Señor. Jesús cita Isaías 61:1-3:

"1El Espíritu del Señor Dios está sobre mí, porque me ha ungido el Señor para traer buenas nuevas a los afligidos; me ha enviado para vendar a los quebrantados de corazón, para proclamar libertad a los cautivos y liberación a los prisioneros; para proclamar el año favorable del Señor, y el día de venganza de nuestro Dios; para consolar a todos los que lloran, para conceder que a los que lloran en Sión se les dé diadema en vez de ceniza, aceite de alegría en vez de luto, manto de alabanza en vez de espíritu abatido; para que sean llamados robles de justicia, plantío del Señor, para que Él sea glorificado."

El año de gracia del Señor -cuando los israelitas esclavizados iban a ser liberados- se podría denominar como la alegría del Reino que ha llegado a la tierra, proclamado por Jesucristo. Porque, ¿cómo no experimentar la alegría de que el ciego vea? ¿Que el cautivo vuelva a ser él mismo? ¿Para que el pobre sea honrado y liberado, y para que el preso salga de la cárcel? Él proclama que en el favor de Dios, en el Reino de Dios, todas estas libertades pueden disfrutarse y traer alegría a la vida. Hasta el día del juicio final parece encajar aquí: toda la justicia será restaurada, la misericordia y el amor serán la moneda del Reino, para alegría de todos.

Y Dios ha enviado a sus profetas y a su Hijo a proclamar su Reino una y otra vez en las Escrituras. Porque nosotros, que somos seres humanos caprichosos e inconstantes, necesitamos que nos recuerden una y otra vez que podríamos vivir con el favor de Dios en su Reino. Que todas nuestras necesidades serían satisfechas. Nos transformaríamos en personas que podrían amar como Dios ama. Viviríamos nuestro propósito aquí en la tierra.

En la Parte I analizaremos cómo describió Jesús el Reino de Dios. Luego, en la Parte II, nos ocuparemos de las enseñanzas sobre cómo podemos prepararnos para vivir en el Reino. Y en la Parte III hablaremos de las repercusiones para ti y para mí que tienen sus descripciones y enseñanzas. Le sugiero que guarde en favoritos el comienzo de las notas a pie de página al final del libro. Así podrá encontrar fácilmente las referencias bíblicas y de otro tipo citadas.

# PARTE I: LA DESCRIPCION DEL REINO

## CAPÍTULO 1

### El Reino Está Cerca

Cada vez que rezamos el Padre Nuestro, decimos "venga a nosotros tu Reino". ¿Acaso sabemos lo que decimos cuando repetimos estas palabras tan conocidas? Sí, Jesús estaba seguro del Reino; enseñó sobre él a lo largo de todo su ministerio. Pero la interpretación que hemos heredado, según la cual el Reino sólo está en el más allá, en el cielo, ¿tiene sentido según sus enseñanzas?

Jesús habla del Reino en tiempo presente en los tres Evangelios sinópticos: el Reino "está cerca"[6], "se ha acercado"[7], "está dentro de vosotros"[8], "está entre vosotros"[9] y "ya está entre vosotros."[10]

Si nosotros creemos lo que Jesús dijo, ¿por qué no vivimos esa experiencia del Reino? ¿Por qué no lo vemos ante nuestros ojos?

Parece que Jesús quiere decir que el Reino no es tan obvio, que no es evidente, pero que está todavía aquí, esperando a ser descubierto. Y que está en todas partes. "Entre nosotros" se refiere a una comunidad. "Dentro de nosotros" significa que podemos acceder a él en nuestro interior. "En medio de vosotros": también está aquí, tal vez a nuestro lado, dentro y fuera de nosotros. Omnipresente, siempre presente, en todas partes, una experiencia interior y exterior. Se trata de un potencial que necesita realizarse. Y, sin embargo, aún no lo vemos. Y para ello no sólo tenemos que abrir los ojos, sino también buscarlo. Unos de los lugares más ricos para hacerlo son las parábolas de Jesús, las historias que contaba para enseñar a los que lo seguirían.

*La Parábola de la Levadura*

La parábola de la levadura profundiza en el tema de que el Reino está por todas partes, pero no siempre lo vemos: "El Reino de los cielos es semejante a la levadura que una mujer tomó y mezcló en unos sesenta kilos de harina hasta que hizo efecto en toda la masa ".[11] Aquí Jesús nos quiere decir que la levadura está por todas partes en el pan, pero no se distingue de éste.[12]Trabaja silenciosamente, pero es un ingrediente clave para que el pan suba y sea comestible.

De la misma manera, el Reino está oculto, a salvo de nuestra vista, pero es importante para nosotros. Está presente en las estructuras que soportan la vida, en las complejidades de la creación, en los cambios climáticos y en las estructuras del ADN, en la interrelación e interdependencia de toda la vida, en la belleza de la naturaleza, en cada cosa y en todo lo que consideramos natural.

A pesar de que observamos lo que se manifiesta en el mundo, no es evidente el Reino hasta que intentamos conocer todos los principios que lo motivan, para saber qué es lo que causa estos efectos. Evidentemente, muchas de las causas de lo que pasa en el mundo son humanas, incluso malvadas. Pero hay otra posibilidad para nosotros, si estamos dispuestos a buscarla. En la Biblia y en nuestras vidas hay indicios de la acción de Dios, del Reino de Dios en nuestro mundo, al igual que se percibe en ocasiones el sabor o el aroma de la levadura en el pan cocido y levado. Pero debemos prestarles atención. Podemos considerarlas como coincidencias, pero las vemos en las sanaciones espontáneas que los médicos no pueden justificar. Las vemos en la serendipia, en las felices coincidencias de cosas que nos salen bien. Las vivimos cuando alguien nos ama tal como somos. Las vemos cuando observamos asombrados un atardecer, o cuando experimentamos la presencia de Dios cuando lo acogemos. Son huellas, pequeñas muestras de la levadura del Reino en el mundo real. Si abriéramos los ojos, veríamos mucho más.[13]

Al final de sus días en la Tierra, Jesús garantizó a sus seguidores en repetidas ocasiones que iba a guardarles un lugar con su Padre y que les dejaría el Espíritu Santo para que estuviera con ellos y mucho más.[14] El día de Pentecostés, sus discípulos, inspirados por el Espíritu Santo, retomaron la misión de Jesús de propagar la Buena Nueva del Reino.

Así se nos invita también en los Evangelios[15] a seguir a Jesús y sus enseñanzas, adoptando aquella relación que él tuvo con su "Abba", para que también nosotros podamos ser capaces de establecer, a nuestra manera, el Reino en esta tierra[16] (creo que éste es nuestro único propósito, implícito en nuestra creación). El Espíritu de Dios está dentro de nosotros, siempre que nos acerquemos a Dios y nos alejemos de nuestras costumbres humanas, para sanarnos, enseñarnos y guiarnos hacia nuestro propio propósito divino.

Quienes vivían en la época de Jesús esperaban un Mesías, un Rey terrenal como el Rey David, que los gobernara, derrotara al Imperio Romano y estableciera un Reino físico en el que pudieran prosperar. No obstante, Jesús le dice a Pilato en su juicio que "mi Reino no es de este mundo ".[17] El Reino de Dios está aquí, allí y en todas partes, nos dice, pero no obedece a las reglas de un Reino terrenal; Dios no va a enviar a sus ejércitos para combatir esta amenaza, ni para expulsar a los romanos. Es el Reino de Dios lo que Jesús representa, más que un lugar, un estado de ánimo que está presente en todas partes, al menos potencialmente, algo en lo que todo el mundo puede participar si cumple ciertas condiciones. (Hablaremos de esas condiciones en la Parte III).

Me pregunto: si el Reino está cerca y está en todas partes, pero no es visible, entonces ¿cómo podemos entrar en él? Tiene que haber un punto de entrada, un modo de acceder a él. Evidentemente, Jesús es la llave. De hecho, numerosos cristianos creen que Jesús es el único camino. Y sin embargo, el Reino está disponible potencialmente para todos. Es decir, tiene que haber una llave dentro de cada uno de nosotros, cristianos o no, una forma de que todos podamos acceder a él.

Aquí es donde interviene el alma. Para mí sigue siendo un misterio si Dios vive en nosotros o si es el lugar en el que Dios puede comunicarse con nosotros, pero el alma se encuentra en lo más profundo del inconsciente. Tiene dos funciones: 1) contener y hacer avanzar el plan establecido para cada uno de nosotros en nuestra concepción/creación y 2) ser el medio por el cual el Espíritu Santo puede comunicarse con nosotros. Esto se consigue facilitándonos un medio para escuchar esa "vocecita" interior de Dios y fomentando nuestra vocación única. A lo largo de nuestra vida, nos llama a nuestro verdadero propósito; no para de intentar atraernos hacia Dios. Depende de cada persona si le presta o no atención al alma, pero el alma no deja de intentar conectar con la persona.

El Reino está tan incorporado a la creación que es fácil ignorarlo cuando la persona se deja llevar por el paradigma cultural. Pero se puede experimentar, e incluso buscar, si una persona es consciente de su existencia. Independientemente de que elijamos reconocer el Reino o no, está presente aquí, allá y en todas partes. Está presente en el mundo, podemos descubrirlo; lo mismo ocurre en nuestro interior. No es un lugar físico, sino un estado mental que se encuentra latente en nosotros, listo para crecer y florecer siempre que le prestemos atención y lo aceptemos.

*Desde la naturaleza invisible, y sin embargo muy presente, del Reino anteriormente descrito, en el próximo capítulo hablaremos de su tamaño aparentemente insignificante.*

# CAPÍTULO 2

## *El Reino Es Pequeño, Insignificante y Coexiste con el Mal*

Prosigamos con nuestra investigación sobre la naturaleza del Reino analizando las parábolas basadas en la propia naturaleza.

*Las Parábolas de la Semilla de Mostaza y de la Semilla y el Sembrado*

Jesús comparó el Reino con un grano de mostaza[18], una semilla diminuta, prácticamente insignificante, capaz de crecer hasta convertirse en un pequeño árbol o en un arbusto de 3 metros de altura. ¿En qué se parecen?

El Reino puede ignorarse fácilmente y, aun así, su semilla tiene un enorme potencial.

La semilla de mostaza, cuando se muele, sirve para acompañar la comida, por lo que está llena de vida.

El grano de mostaza llega a ser tan grande que puede acoger a las aves del cielo.

El Reino está oculto, es diminuto, insignificante, pero echa raíces en nosotros. Y entonces, ¡vaya!, se produce un cambio de actitud completo, un cambio que nace de la semilla de una forma diferente de vivir.

El potencial de la semilla, y del Reino, no es en absoluto proporcional a su tamaño. Es sorprendente. Acogerá a las aves, en representación del Espíritu, dándoles todo lo que necesitan para vivir, sombra y hogar. Aves: aire, aliento, espíritu.

Cuando Jesús habla de las aves del cielo, se refiere también al Reino y a sus habitantes: ellos hacen lo que se les ha encomendado[19], y Dios cuida de sus necesidades. ¿Tal vez Jesús sugiera que la planta de mostaza también puede albergar el Espíritu de Dios?

No es necesario ver un ave de cerca para reconocer cada especie. Se pueden reconocer por su perfil o por su forma de volar. Por ejemplo, el cardenal y el carbonero. El cardenal se centra en su objetivo, ya sea un alimentador o un arbusto. Yo he visto cómo un cardenal alimentaba a su pareja. En cambio, el carbonero vuela en círculos hacia su objetivo, y rara vez he visto una pareja de carboneros en mi alimentador.

Ambas especies son un ejemplo de lo que nosotros debemos llegar a ser: una persona que es y hace aquello para lo que fue diseñada, tras eliminar todos los pensamientos, acciones, suposiciones y expectativas que no son totalmente naturales para nosotros. Después de habernos despojado de la esencia de la persona que fuimos creados para ser, dejando atrás los condicionamientos culturales y la formación familiar que se oponen a todo lo que Dios quiere que seamos.

El "sembrador de semillas" es uno de los temas habituales de las parábolas sobre el Reino. Dios siembra la semilla en todas partes[20]: en tierra rocosa, donde puede germinar rápidamente y luego morir por falta de nutrientes; entre las espinas, donde es difícil que eche raíces; en tierra fértil, donde brota y prospera. El Reino prospera allí donde las condiciones son favorables para su crecimiento. Las semillas representan las invitaciones que Dios reparte por todas partes con la esperanza de que la gente acepte su oferta de relacionarse con Él.

Me imagino a Dios sembrando eternamente cantidades interminables de semillas -como bendiciones, gracia y su palabra- y que la mayoría caen en tierra hostil, dura y espinosa. Y, sin embargo, sigue sembrando la semilla, sabiendo que de vez en cuando caerá en un terreno que promoverá activamente su crecimiento. Me resulta asombroso cómo distribuye Dios sus invitaciones para nosotros y espera a que las aceptemos. No nos golpea en la cabeza ni nos tira al suelo para obligarnos a aceptarlas. (Es evidente que no es un ser humano, porque si no, hace mucho tiempo que se habría dado por vencido).

*La Parábola del Trigo y la Cizaña, la Parábola de la Red*

En la Parábola del Trigo y la Cizaña,[21] los siervos no deben arrancar la cizaña que crece junto con el trigo para no arrancar también parte del trigo. (Mi Biblia de Estudio NVI me indica que es probable que la mala hierba sea la cizaña, muy parecida al trigo al principio de su proceso de crecimiento,[22] pero que se distingue fácilmente del trigo en el momento de la cosecha). La parábola de la red[23] habla de la cosecha de peces. En la pesca hay peces buenos y peces malos, pero, también en este caso, se nos pide que no intentemos separarlos antes de recogerlos. (¡Creo que su olor podría hacerlos fácilmente distinguibles en ese momento!).

En ambas parábolas, las plantas y las malas hierbas y los peces buenos y malos son muy parecidos para poder separarlos antes de la cosecha, pero en el momento de la recolección no hay ningún problema para distinguirlos. Estas historias de Jesús reflejan su enseñanza: "Por sus frutos los conoceréis... Un árbol bueno no puede dar frutos malos y un árbol malo no puede dar frutos buenos".[24]

Algo que Jesús sugiere en estas parábolas es que no hay problema en que el bien y el mal crezcan juntos o en que estén juntos en el mundo. En el capítulo 4 de la Parte II veremos las parábolas del Juicio Final, pero aquí parece que el mal no le quita terreno al bien, ni lo diluye, ni afecta a su existencia. Por supuesto, el bien define el mal, y viceversa. Porque, ¿cómo podríamos reconocer el mal si el bien no estuviera a su lado? ¿Y cómo elegiríamos el bien si no pudiéramos ver el contraste?

Para mí, uno de los grandes obstáculos a la hora de amar a Dios ha sido aceptar que Dios no va a acabar con el mal, y punto. (No creo que Dios haya creado el mal, pero al otorgarnos el libre albedrío sí creó la posibilidad del mal). Desde los tiempos de Noé y el diluvio, Dios ha tenido muchas oportunidades de eliminar el mal, pero ha cumplido su pacto con Noé.[25] No va a facilitarme ni a mí ni a ti la elección del bien. Vamos a tener que luchar con nuestra propia naturaleza en parte humana y en parte divina hasta que estemos claramente del lado del bien en nuestras vidas. ¡Maldición!

*La Parábola del Crecimiento de la Semilla*

En la Parábola del Crecimiento de la Semilla, que aparece sólo en Marcos,[26] Jesús nos da a entender que el proceso por el que la semilla brota y se desarrolla es misterioso. El sembrador puede proveer buena tierra y agua y, aun así, el crecimiento se produce en la oscuridad; no sabemos por qué, en las mismas condiciones perfectas, una semilla brota y otra no. Lo mismo ocurre con el Reino: El éxito de dos personas que aparentemente están entregadas al Reino puede ser muy diferente a la hora de conseguir que el Reino se convierta en una realidad cada vez mayor en su interior.

Piense un poco en lo que es una semilla. Es una posible planta o, como un óvulo, un posible animal o ser humano. Todo lo que esta planta, animal o ser humano tiene que hacer y ser viene contenido en las pocas células de la semilla: su género, su especie, el alimento que necesitará en las primeras etapas de su crecimiento.

En los seres humanos, el ADN presente en la combinación óvulo/espermatozoide contiene todo lo que alguien tiene hoy en día, es decir, todo excepto la crianza y la educación que recibimos. El "suelo" -léase "familia" y "cultura"- en el que crece un ser humano no cambia el diseño fundamental de su creación, pero, según sean las condiciones benignas o tóxicas, el entorno puede cambiar toda la trayectoria de una vida.

El objetivo de las personas que buscan el Reino como lugar donde habitar consiste -con la ayuda de Dios- en despojarse de los pensamientos y deseos que tienen arraigados desde su nacimiento y que podrían hacer descarrilar su desarrollo y su vida natural. Porque para entrar en el Reino hay que atravesar la puerta estrecha[27] en un estado tan natural, tan cercano al yo creado, como se pueda estar -despojado de todos aquellos condicionamientos que interfieren con nuestra capacidad de dar nuestro yo más natural, de modo que, al igual que las flores del campo y las aves del cielo[28], realicemos aquello para lo que fuimos diseñados.

¿Y cuál es esa clase de condicionamientos que nos impiden entrar en el Reino? Las suposiciones y las ideas preconcebidas e ilusiones que se han condicionado en nosotros desde nuestro nacimiento y que nos mantienen en el mundo "real", vinculados a los propósitos que éste tiene para nosotros, en lugar de poner el Reino de Dios en primer lugar entre todas las cosas. Hablaremos más de esto en la Parte II. Por ahora quisiera señalar que estas cosas que adoptamos y que nos resultan ajenas tienen varias fuentes: nuestra familia de origen, cualquier grupo al que hayamos pertenecido, la cultura en la cual crecimos, la iglesia en la cual nos educamos y a la cual quizás todavía pertenezcamos. Todo ello contribuye a que tengamos una visión de la vida limitada y, a menudo, egoísta. Muchas veces fomentan una visión de Dios que no está basada en la realidad y una visión de nosotros mismos que es igualmente defectuosa.

La autoestima no es el problema, al menos no la autoestima como se considera en nuestra cultura actual. El problema es que no vemos la realidad con claridad; no vemos de la manera en que Dios nos creó. Todas las experiencias que vivimos, sobre todo la educación que recibimos en la infancia, influyen en cómo nos vemos a nosotros mismos y al mundo.

Por ejemplo, vivimos en una sociedad que promueve el castigo como forma de educar a los niños. Los castigos que recibe un niño hacen que no comprenda lo mucho que se tarda en educar a alguien y que cada fracaso se convierta en algo que mancha la imagen que tiene de sí mismo. Con el tiempo se convierte en un adulto que se siente más cómodo con los castigos que con una verdadera apreciación, y que adopta como autoimagen una visión errónea que lo mantiene vinculado a la cultura la cual lo ha entrenado de maneras poco naturales para lograr su verdadero yo.

Cuando se trata de Dios y del Reino, solemos verlos a través de esta perspectiva infantil/cultural y vemos a Dios como el mismo tipo de padre que tuvimos cuando éramos niños, pero más grande y más sabio. ¿Realmente podemos ver el Reino a través de estas perspectivas erróneas? ¿Podemos vernos a nosotros mismos como realmente somos? No me extraña que el Reino se nos oculte y que sea necesario un verdadero cambio de mentalidad, arrepentirnos del modo en que hemos visto las cosas, para empezar a tener una perspectiva clara de la realidad y de nosotros mismos. En ese momento, cuando empezamos a dejar que el concepto de Reino de Dios se apodere de nosotros, empezamos a vernos a nosotros mismos y a la vida tal y como son en realidad.

*En el Capítulo Tres veremos los aspectos hospitalarios e igualitarios del Reino.*

# CAPÍTULO 3

## El Reino Es Acogedor e Igualitario

*La Parábola del Hijo Pródigo*

En la Parábola del hijo pródigo en el Evangelio de Lucas[29], el padre se alegra de la llegada del hijo perdido. El hijo menor, que en otro tiempo se entregó a una vida derrochadora, vuelve a casa arrepentido. Ha decidido que prefiere trabajar como siervo para su padre que como esclavo para los demás: éste es el estado al que ha quedado reducido.

El padre está pendiente de su hijo por si regresa. Se alegra mucho del regreso de su hijo, independientemente de lo que haya hecho. El hecho de que su hijo haya vuelto a su padre (al Reino) es más importante que su anterior comportamiento. El hijo menor, lleno de vergüenza y culpa, seguramente espera un castigo, pero no es así y lo único que se le brinda es la bienvenida y la celebración.

Cuando el padre recibe al hijo menor con un banquete y le devuelve su herencia, el hijo mayor, que siempre ha estado ahí, se enfada. Él ha sido obediente, haciendo cuidadosamente todo lo que se esperaba de él. Sin embargo, no ha podido disfrutar en absoluto de los beneficios del Reino: no ha sentido el amor de su padre (aunque es evidente para todos los demás) y está lleno de resentimiento hacia su hermano. Él es el fariseo que se atiene a la letra de la ley y se olvida de su espíritu, que es el amor.

Ninguno de los dos hijos estuvo en el Reino de manera real pero diferente. Cuando el mayor se queja sobre la celebración, su padre le dice: "Hijo mío, tú siempre estás conmigo, y todo lo que tengo es tuyo. Pero teníamos que celebrarlo y alegrarnos, porque este hermano tuyo estaba muerto y ha vuelto a la vida; estaba perdido y ha sido hallado".[30]

Lo importante en el Reino es que lleguemos, no importa cuándo, no importa lo que hayamos hecho. Se nos dará la bienvenida cuando regresemos, cuando nos hayamos "arrepentido" ante Dios, cuando nos desprendamos de todo lo que nos ha alejado del Reino, ya sean malas elecciones o malentendidos de lo que es el Reino. Sin embargo, las bendiciones que recibimos son las mismas, ya sea que siempre hayamos estado allí o que hayamos llegado hace poco.

El hijo obediente se molesta por la celebración que el padre le ofrece al hijo descarriado. Pero el regreso del hijo pródigo no supone una amenaza para su verdadera herencia. La herencia es la misma para todos los que entran en el Reino. Es un hogar real rodeado de los brazos de Dios. Consiste en participar plenamente en la abundancia del universo. Se trata de un amor que fluye libremente, que brota de Dios y entra en cada persona (tanto si es consciente de ello como si no) y vuelve a fluir hacia los demás. Es ser dotado del fruto del Espíritu -paz, amor, alegría, paciencia, amabilidad, bondad, autocontrol y fidelidad-, todo gradualmente asimilado en la vida de cada persona que tiene una relación profunda con Dios[31]. Es la verdadera libertad de ser aquello para lo que fuimos creados -libres de pretensiones, libres de los objetivos de otras personas-, la libertad de tomar nuestras vidas del modo en que fuimos creados para vivir y actuar.

En gran medida, aceptar el Reino y ponerlo por delante de todo en nuestras vidas depende de nuestra capacidad de acoger el amor de Dios por nosotros. Los dos hermanos de la parábola del hijo pródigo no se tratan bien a sí mismos o a los demás: uno derrocha una herencia, el otro parece aceptar el Reino, pero está resentido con otra persona que lo busca. Mi opinión es que aquí se cumple una ley del comportamiento humano: sólo podemos amar a los demás en la medida en que nos amamos a nosotros mismos. Jesús nos lo dice en los dos Grandes Mandamientos. En primer lugar, debemos amar a Dios con todo nuestro corazón. En segundo lugar, debemos amar a nuestro prójimo así como nos amamos a nosotros mismos. No podemos dar amor cuando nunca hemos sido amados. ¿Cómo podemos poner a Dios y al Reino primero si no hemos empezado a llenar el agujero que hay en lo más profundo de nosotros? Seguimos siendo nosotros los necesitados, y no los que pueden dar.

Aun así, el hijo pródigo dio el primer paso para amarse a sí mismo: regresó a casa con su padre, su verdadero hogar. El otro hijo todavía no ha dado el primer paso. No puede recibir a su hermano, porque él mismo no siente el amor y el cariño de su padre. Hasta que no dé el primer paso para amarse a sí mismo, que para él, creo, podría ser pedir perdón a su padre por su hipocresía, no estará en el Reino. Este no es su hogar; no se siente amado; no puede amar a los demás.

*La Parábola de los Trabajadores de la Viña*

En la Parábola de los Trabajadores de la Viña, Jesús nos habla detalladamente del dueño que contrató a varios trabajadores en diferentes horas del día para que trabajaran en su viña.[32] Al finalizar el día, todos los trabajadores recibían el mismo salario, tanto los que empezaban temprano como los que eran contratados tarde. Los trabajadores que empezaban temprano se quejaban de la paga de los que llegaban tarde, pero el dueño les recordaba que ellos habían aceptado trabajar pagándoles un denario y que eso era lo que les pagaba a ellos y a todos los demás. Los trabajadores admiten de mala gana que tiene razón.

El dueño continúa diciendo que tiene derecho a hacer con su dinero lo que quiera: "¿O tenéis envidia porque soy generoso? Así, los últimos serán los primeros y los primeros los últimos ".[33]

En esta historia, el dinero representa la generosidad de Dios hacia nosotros. Él nos recompensa por el trabajo que realizamos en su nombre, pero todos recibiremos las mismas bendiciones, tanto si somos nuevos en el Reino como si llevamos toda la vida sirviéndole. Para nosotros, la igualdad que nos da el dueño de las tierras es sorprendente, porque es algo desconocido en el mundo material. Pero el Reino no tiene que ver con el estatus o el tiempo pasado allí o cualquier otra métrica humana.

Ambas parábolas, la del hijo pródigo y la de los trabajadores de la viña, nos recuerdan que las bendiciones del Reino llegan a todos por igual. No existe ninguna ventaja por haber llegado antes, ni por ser el hijo mayor y más obediente, ni por haber tomado malas decisiones en la vida. En el Reino todos son iguales. También debo decir que no hay ninguna ventaja en ser blanco, negro, asiático o nativo. Tampoco en ser hombre o mujer. Esclavo o libre.[34] Todos son bienvenidos en el Reino y se benefician de la misma manera.

### *La Parábola del Siervo Despiadado*

Analicemos la Parábola del Siervo Indigno[35] para conocer otro aspecto del Reino. Ante la insistencia de su siervo para que tuviera paciencia y ante su promesa de pagar lo que le debía, un señor se apiadó del siervo que le debía 10.000 sacos de oro y canceló la deuda. El mismo siervo, ya perdonada su deuda, buscó entonces a otro siervo que le debía 100 monedas de plata; lo asfixió y le exigió que le devolviera lo que le debía. El segundo siervo le pidió paciencia y le juró que se lo devolvería. El primer siervo se negó e hizo que lo metieran en la cárcel hasta que pudiera pagarle. Los demás siervos, indignados por el trato recibido, contaron lo sucedido a su amo.

El amo llamó al primer siervo y le reprendió: "Suplicaste paciencia y yo te mostré clemencia y cancelé tu deuda. ¿No deberías haber hecho lo mismo con los demás siervos?". Entonces lo dejó en manos de los carceleros para que lo torturaran hasta que pagara lo que debía.

Esta parábola no necesita explicación: Debemos dar a los demás lo que se nos ha dado a nosotros: misericordia, amor, perdón, paciencia. La Regla de Oro ya no se escucha demasiado, pero es una buena norma de conducta para nosotros: "Haz a los demás lo que quieras que te hagan a ti".[36]

Es obvio que había una diferencia social o económica entre el siervo que debía 10.000 sacos de oro y el que debía 100 monedas de plata[37]. El segundo seguramente debía el salario de un día[38], una cantidad importante para un jornalero. Y, aun así, los préstamos debieron de ser gratuitos. Ese es el otro mensaje de esta parábola. Lo que tenemos es gratuito, pero es un préstamo durante nuestra vida.[39] El perdón y la generosidad, la misericordia y el amor -lo que se nos ha dado- deben ser compartidos, no acaparados.

Además, esta parábola insinúa que nuestro perdón está ligado a que perdonemos a los demás. Tenemos que dar gratuitamente lo que se nos ha dado.

Las tres parábolas -el hijo pródigo, los trabajadores de la viña y el siervo despiadado- nos muestran una visión del Reino totalmente distinta de la que suele imperar en las culturas humanas. Hoy en día, el comportamiento que ponen al descubierto nos resulta sorprendente.

Si queremos superar la aparente injusticia de estas historias, tenemos que reflexionar profundamente sobre el Reino. Si lo hacemos, nos daremos cuenta de que muestran a un Dios que nos da todo lo que nos promete y más. El Reino es el lugar donde todos son bienvenidos, pase lo que pase. Todos son iguales, y punto. Y se espera que todos compartan lo que han recibido.

*En el capítulo 4 analizaremos las citas, sobre todo de Mateo, sobre el día del juicio final.*

# CAPÍTULO 4

## *El Reino Tiene un Juicio Final*

En esta última serie de parábolas, el centro de atención lo ocupa la naturaleza apocalíptica del Reino, el Reino de Dios que llegará con la Segunda Llegada de Cristo, el cual juzgará a todo el mundo, aceptando a los buenos que tendrán vida eterna y descartando a los malos. La mayoría de las enseñanzas apocalípticas proceden del evangelio de Mateo. Mateo dice seis veces que habrá llanto y el crujir de dientes[40]; Lucas lo menciona sólo una vez[41], y Marcos y Juan no lo mencionan en absoluto. En este capítulo analizaremos la interpretación de Mateo sobre este día del juicio, el cual ha influido tanto en el concepto cristiano sobre el apocalipsis.[42] Mi teoría es que está hablando de un día del juicio personal y no global, ya que cuando Cristo reside en nosotros no puede haber ninguna maldad.

Después de la muerte y la ascensión de Jesús, los discípulos esperaban que regresara en cualquier momento para traer el día del juicio final. Para el año 324 d.C. ya se había incluido oficialmente la creencia de la Segunda Llegada en el Credo de Nicea.[43] Desde entonces, numerosas sectas y líderes cristianos (incluido el reverendo Jerry Falwell, todavía en 1999) han estado convencidos de que conocían la fecha del Día del Juicio Final.[44]

Esto es algo curioso para quienes no creemos en las posibilidades mágicas y místicas. ¿Cómo podemos abordar este tema?

Como deconstruccionistas posmodernos, solemos desconfiar mucho de todo lo que no se pueda demostrar de forma científica: los milagros, el apocalipsis, etc., son sospechosos. El escritor de

Mateo no tuvo esas dudas. Su Evangelio está lleno de milagros, curaciones y conversaciones sobre el final de los tiempos y el crujir de dientes que se producirá cuando se separen las ovejas de las cabras.

La idea del juicio y de separar las ovejas de las cabras me causa cierto temor. Sinceramente, no me gusta la idea de un Dios del fuego del infierno y la condena. Crecí en una iglesia con ese tipo de creencias y me gustaría ignorar por completo estos versículos. Sin embargo, conozco la utilidad de mirar con otros ojos los versículos más complicados para ver qué sabiduría ofrecen, y Mateo contiene sin duda claves para entender las normas del Reino que abordamos en este libro. En otras palabras, estos versículos no deben omitirse.

*La Parábola de la Red y la Parábola de la Mala Hierba*

"Venid, seguidme y os enviaré a pescar"[45], dice Jesús en el capítulo 4 de Mateo, dirigiéndose a los hombres a los que invita a ser sus discípulos, los hombres que lo ayudarán a "pescar" a los que lo seguirán. La Parábola de la Red, en el capítulo 13[46] de Mateo, nos habla más de la pesca: Después de echar la red al mar, la captura de peces se lleva a la orilla para separarlos: los buenos se ponen en cestas para venderlos o llevarlos a casa, y los malos se tiran.

En este ejemplo y en la parábola de la mala hierba[47] que le sigue en el mismo capítulo, los peces malos y los buenos, la mala hierba y el trigo, viven juntos en su entorno hasta la cosecha, momento en el que los peces malos y la mala hierba son identificados y desechados.

Para Mateo no es un misterio por qué se ponen estos ejemplos, sobre todo el de la pesca. Jesús había estado predicando en las ciudades de Galilea desde el comienzo del capítulo 11. Los pescadores se dedicaban a su oficio por todas partes. Los pescadores trabajaban alrededor del lago. Ellos y sus familias comprenderían fácilmente las imágenes y los símbolos de la parábola de la red.

Pero hoy necesitamos más explicaciones. Es cierto que algunos peces son más buenos para comer por encima de otros, pero ¿cuáles son los "malos"? Jesús no explica qué hace que un pez sea malo, pero Mateo utiliza la palabra griega sapros, un adjetivo que significa "malo, podrido, descompuesto, insano".[48]

Al contemplar estas dos parábolas entramos de lleno en el misterio de cómo coexisten el bien y el mal, y por qué. ¿Por qué Dios no se deshace del mal para que no tengamos que lidiar con él?

Todos tenemos en nuestro interior impulsos tanto hacia el bien como hacia el mal. Nosotros determinamos cómo vivimos nuestras vidas. Pero Dios, como Creador, determina las reglas y establece como Él quiere que sean las consecuencias de la desobediencia. Sin embargo, en Mateo, Jesús no se limita a sugerir consecuencias: Él llama al Día del Juicio con un horno de fuego para quemar la escoria: los pecadores y los malos. Como explica a sus discípulos en la parábola de la mala hierba[49], el Hijo del hombre es el sembrador; el campo, el mundo; las semillas buenas, los que viven en el Reino; el enemigo, el diablo; la mala hierba, el diablo. A la hora del juicio, el Hijo del hombre enviará a sus "ángeles y eliminarán de su Reino todo lo que causa pecado y a todos los que hacen el mal. Y los echarán en el horno de fuego, donde habrá llanto y crujir de dientes".[50]

Pero... ¿acaso no nos enfrentamos todos los días en nuestro interior al juicio de Dios? ¿No nos sentimos culpables por palabras dichas de las que desearíamos retractarnos? ¿Por maltratar a alguien? ¿Por no respetar nuestros valores? ¿Acaso no morimos un poco por todo lo que hacemos y de lo que no nos sentimos orgullosos?

¿Jesús llama a un Juicio Final o quizás está describiendo lo que ocurre en nuestro interior cuando no cumplimos nuestros objetivos? Sin duda nos juzgamos a nosotros mismos cuando no cumplimos nuestros objetivos, pero al acumular "malas señales" contra nosotros mismos -no por el juicio de Dios, sino por el nuestro-, ¿no perdemos también nuestra capacidad de disfrutar, de amar, de dar de verdad?

Existe otra implicación en ambas parábolas, según la cual el Juicio Final es también personal: Cuando Jesús entra en nuestras vidas, nos separa de las malas influencias y las elimina de nosotros. Cuando afrontamos lo que hemos sido, habrá un tiempo de dolor y luego de soltar el "pecado", ya que no puede existir en la presencia de Cristo. Este tiene que desaparecer.

¿Jesús está enseñando lo que ya sabemos que es verdad? Que no estamos llenos de vida, que no somos trigo listo para cosechar. Que estamos lejos de aquello para lo que fuimos creados, viviendo vidas dependientes y definidas por la cultura y no tal y como fuimos creados por Dios.

Confiamos en que Dios nos perdone por ello, pero yo no creo que seamos perdonados por llevar la vida de otra persona hasta que dejemos de intentar ser otra persona. Si somos fieles a lo que Dios quiere de nosotros y a nuestro verdadero ser (que creo que es lo mismo), no tenemos por qué temer el Día del Juicio Final. Si vivimos como Dios nos ha creado, estamos eligiendo vivir del lado de Dios, en el Reino.

Tenemos un calibrador interior, que es nuestra conciencia, para distinguir la verdad de la mentira, el amor del odio y la fe del miedo. Cada vez que ignoramos las alertas que nuestra conciencia nos envía para advertirnos de que estamos violando nuestras propias normas, morimos un poco. Y cada vez que nos pasamos de la raya, provocamos el juicio severo del Señor. No tenemos que esperar al juicio eterno; somos juzgados por lo que hacemos y dejamos de hacer incluso mientras lo hacemos.

Como en el cielo, el juicio no es una realidad distante, prevista para la Segunda Llegada de Cristo; nosotros vivimos con él todos los días. Lo que Cristo hace cuando lo invitamos a entrar es transformar todas esas conductas egoístas e incluso malvadas y convertirlas en capacidad de amar y servir. Hablando en términos de trilla, el grano es lo bueno que hay en nosotros. Crece de la semilla buena; hay que separarlo de los residuos del proceso: las cáscaras o paja, los tallos y las malas hierbas que también se han cosechado. Dios sólo quiere salvar el fruto de la cosecha, en este caso el grano. Todo lo demás se lo lleva el viento. Así estamos plenamente vivos y vivimos en el Reino.

En estas breves parábolas y en la forma en que Jesús las explica encontramos una respuesta a la pregunta que he planteado antes sobre por qué Dios no acaba con el mal. Lo que Jesús quiere decir es que el bien necesita alimentarse junto con el mal del mundo, que el mal sale perdiendo al final y no contamina el bien aunque crezca a su alrededor.

¿Hay alguna otra sugerencia de que el bien necesita al mal de alguna manera a su lado para poder desarrollarse? ¿Se fortalece el bien al contacto con el mal? Pues eso parece. Esto es parte del misterio del Reino de los cielos, una paradoja con la que nuestras mentes tienen que luchar para comprenderla.

*La Parábola de las Ovejas y las Cabras*

Al final del Capítulo 3, escribí: "El Reino es un lugar donde todo el mundo es bienvenido, pase lo que pase. Todos son iguales, y punto. Y se espera que todos compartan lo que han recibido". Todos son bienvenidos al Reino, pero hay una condición para entrar en él: poner el Reino de Dios, el amor a Dios por encima de cualquier otra cosa.[51] No se trata sólo de creer, sino de comprometerse a vivir el primero de los Dos Grandes Mandamientos: amar a Dios con todo el corazón, el alma, la mente y las fuerzas.[52]

En la Parábola de las Ovejas y las Cabras[53] , Jesús explica quién es bienvenido al Reino y quién no. Es enorme la diferencia entre las ovejas que ayudaron a los demás, sirviendo a Jesús en otra persona, y las cabras, que se negaron a ayudar a otro necesitado. Aunque las ovejas y las cabras brindan muchos de los mismos productos a sus dueños -leche, lana, queso, crías-, las ovejas son seguidoras y las cabras no.[54]

Esa es la regla en el Reino; quienes siguen a Dios son bienvenidos. A las ovejas, las que se quedarán con él en el Reino, las reúne a su derecha, porque le han dado de comer, de beber, lo han acogido cuando era forastero, lo han vestido, lo han cuidado cuando estaba enfermo y lo han visitado en la cárcel cada vez que cuidaban de otro necesitado al que Jesús llamaba el más pequeño de sus hermanos.[55] En este pasaje Jesús les repite esta lista cuatro veces, dos a las ovejas cuando alaba sus acciones[56] y dos a las cabras cuando les hace ver que se niegan a ayudar, dando énfasis a los criterios.[57]

Desde el siglo I hasta nuestros días, esta imagen de la separación de las ovejas y las cabras ha cautivado la imaginación de la gente. Artistas como Miguel Ángel la han pintado. Libros como el Infierno de Dante se han escrito sobre ella. Se han hecho películas sobre el tema, como El Apocalipsis (2007). Llevamos más de 2.000 años esperando la Segunda Llegada de Cristo. A lo largo de esos dos milenios, grupos relacionados con el fin de los tiempos han estado prediciendo cuándo sería -hasta ahora sin éxito.

¿Será posible que todos nos hayamos equivocado? ¿Que Jesús quiso decir algo personal en lugar de un fenómeno global? ¿Que estuviera describiendo en el crujir de dientes y los lamentos lo que sucede dentro del individuo cuando Cristo ha sido invitado a residir allí? ¿Y que la Segunda Llegada es la llegada de las legiones que siguen a Cristo, que son amor en este mundo, sus manos y sus pies, que crean una verdadera comunidad de personas en la que todos son bienvenidos e iguales? ¿No sólo Jesús sentado en el trono del juicio, él solo?

Las cabras se abren su propio camino, a diferencia de las ovejas, que son seguidoras. Si Cristo reside en nosotros, no hay lugar para "cabras": no hay lugar para esos sitios obstinados en los que somos inflexibles, reacios o incapaces de cambiar y de querer seguir nuestro propio camino en la vida; para los apegos del pasado, de la cultura y de nuestras propias comodidades; para traumas no sanados, pensamientos insanos y una fuerte independencia.

Las ovejas, a diferencia de las cabras, que tienen cuernos, no tienen otro sistema de defensa natural que agruparse en rebaños, lo que les proporciona más seguridad que estar solas. Las ovejas representan la dependencia más vulnerable e infantil, la disposición a seguir y a dejarse guiar. También representan la comunidad de fe.

Cuando Cristo nos toma, habita en nosotros, cuando entregamos nuestra vida a Él, las cabras son expulsadas. Las ovejas consiguen más espacio; se alinean más rápido, tienen más ganas de tener un líder y una dirección que cualquier cabra.

## *La Parábola del Banquete Nupcial*

En la Parábola del Banquete Nupcial, donde ninguno de los invitados iniciales acudió al banquete, el rey envía a sus siervos a las esquinas de las calles para que traigan a todos los que puedan venir, "tanto malos como buenos", como dicen los textos.[58] Pero el rey se molestó por uno de los "invitados": alguien que no iba vestido con ropa adecuada para el banquete. Al parecer, no estaba preparado para entrar, pues no había hecho los preparativos adecuados.

Asimismo, en todo el Evangelio de Mateo se indica que los que habitan en el Reino también viven en toda la población, lo que incluye a los adversarios, a los invitados que se negaron a presentarse y a la gente de la calle, incluido el hombre que representa a todos los que no se han vestido para el banquete ni están preparados para él.

Jesús habla en las Bienaventuranzas de que el Reino de los cielos pertenece a dos grupos: los pobres de espíritu[59] y los perseguidos a causa de su justicia.[60] Ser "pobres de espíritu" significa reconocer lo mucho que necesitamos a Dios en nuestras vidas, para que nos haga realidad aquello para lo que fuimos creados, para que nos llene de amor, para que nos muestre el camino a una vida abundante y plena, para que nos libere de nuestra preocupación egoísta y nos permita amarlo de verdad a Él y a los demás. Observemos que aquí Jesús dice que el Reino "les pertenece". Utiliza el tiempo presente. El Reino no es una recompensa futura, sino una realidad inmediata.

El Reino también pertenece a los que son perseguidos por ser justos.[61] Ellos siguen las leyes y aman a Dios y a su prójimo. Tanto en la Palestina del siglo I como en los Estados Unidos del siglo XXI no gozan de mucha aprobación. Tienen un comportamiento que es difícil de seguir para la mayoría de la gente, así que intentamos destruirlos en lugar de admitir que nos enfrentamos a lo que ellos representan. A lo largo de las épocas cristianas, muchos han sido martirizados por causa de Cristo; incluso hoy en día, algunos son perseguidos por sus creencias. Es peligroso mirar con frialdad a personas que no tienen intención de seguir la ley o los mandamientos.

Los que practican y enseñan los mandamientos son también del Reino de los cielos[62], así como aquellos cuya justicia es superior a la de los fariseos.[63] (Jesús sentía un desprecio especial por aquellos que estaban impregnados de la ley, pero que la seguían tan fielmente -al pie de la letra- que olvidaban el propósito de la ley, el espíritu de la ley). Los que buscan su Reino[64] ante todo y los que hacen la voluntad de su Padre[65] habitan en el Reino, así como los que tienen conocimiento de los secretos del Reino.[66]

Hablando desde Cafarnaúm[67], Jesús habló también de muchos que vendrían de Oriente y Occidente para unirse a la fiesta con Abraham, Isaac y Jacob en el Reino. Los que son como niños pequeños[68] o humildes como un niño[69] también pertenecen al Reino.

Fíjense en lo que tenemos hasta ahora: los "pobres en espíritu", los perseguidos por la justicia, los que practican y enseñan los mandamientos, aquellos cuya justicia es superior a la de los fariseos, los que buscan primero su Reino, los que hacen la voluntad del Padre, aquellos de más allá de Galilea, y los que son niños ante el Señor, humildes, mirando a Dios como padre. Lo que Jesús describe son los que tienen una relación con el Padre como la de un niño, los que siguen sus mandamientos, los que ponen a Dios en primer lugar. Éstos son los que pertenecen al Reino de los cielos.[70]

Y hay más. En la Parábola de las Vírgenes Sabias e Insensatas, Jesús recibe a los que están listos con aceite para sus lámparas.[71] Llama a los que multiplicaron lo que se les confió en la Parábola de los Talentos o de las Bolsas de Oro[72] y en la Parábola de los Trabajadores[73] de la Viña resucita a los "últimos": los trabajadores que empezaron a trabajar a última hora de la tarde y cobraron el mismo salario que los que empezaron por la mañana.

Las "ovejas" son las que están dispuestas a entrar en el Reino por su relación con Dios, que ponen a Dios y a su Reino en primer lugar, las que sufren por su causa, que son como niños pequeños para Dios, las que están dispuestas a hacer su voluntad y las que están dispuestas a seguirlo adonde Él les guíe.

Dios sabe claramente quiénes son los que entrarán en el Reino. También es muy sencillo malinterpretar esas normas. Para nosotros, la tarea no es seguir las normas, sino cuidar de los demás y no hacer el mal. Puedes ser una "buena persona" y no entrar en el Reino. Para mí, las verdaderas pruebas son las respuestas a estas preguntas:

¿Tenemos una gran relación con Dios? ¿Dios y su Reino son lo primero en nuestros corazones y mentes?

¿Podemos hacer todo lo anterior al igual que un niño que confía y ama tanto a su Padre Divino que hará lo que el padre le pida, sólo porque sabe que el padre lo ama y piensa en lo mejor para él?

¿Tomaremos la mano que nos ofrece Cristo y dejaremos que nos lleve adonde él quiera con total confianza y amor?

¿Somos suficientemente "pobres de espíritu" para dejar que nos llene con todo lo que tiene reservado para nosotros?

Si podemos responder "¡sí!" a estas preguntas, entonces estamos preparándonos para entrar en el Reino.

Volvamos a las "cabras", aquellos que definitivamente no se están preparando para la vida en el Reino. Entre ellos se encuentran los malvados,[74] los enemigos [del Reino],[75] los que no tienen misericordia aunque han sido tratados con misericordia, [76] los hipócritas,[77] los que son mala hierba entre el trigo,[78] los que infringen los mandamientos y enseñan a otros a hacer lo mismo,[79] y los que causan pecado y hacen el mal.[80]

También están incluidos con las "cabras" los que se han negado a ayudar a los demás. Estas "cabras" no entrarán nunca en el Reino de los cielos porque no han cumplido o no quieren cumplir las estrictas normas de poner a Dios en primer lugar y seguir los mandamientos. Jesús dice que es difícil, pero no imposible, que un rico entre en el Reino.[81]

Jesús habla en diversos lugares de la angustia que experimentarán los que no entren en el Reino.

Al explicar la parábola del sembrador dice: "Como se arranca la mala hierba y se quema en el fuego, así será al final de los tiempos… los ángeles… arrancarán de su Reino todo lo que causa pecado y a todos los que hacen el mal. Los echarán en el horno de fuego, donde habrá llanto y crujir de dientes".[82]

En la Parábola de los Talentos, el hombre que confió a sus siervos varios talentos llamó al que tenía uno y lo había escondido. El hombre, enfadado con el siervo, le quitó el talento y se lo dio al que tenía diez talentos. Luego "lo echarán fuera, a las tinieblas, donde habrá llanto y crujir de dientes ".[83]

El castigo para las "cabras" es duro y breve. En la Parábola de la Red, [los peces malos] son arrojados al horno de fuego con el mismo tormento.[84] En la Parábola del Banquete Nupcial, el rey envía a su ejército a asesinar a los invitados que han matado a sus siervos.[85] Cuando las ovejas y las cabras son separadas, las cabras van al castigo eterno.[86]

El arrepentimiento y la angustia llegan muy tarde para salvarnos una vez que hemos avanzado siguiendo nuestro propio camino, ignorando lo que Jesús nos enseñó. Hay una norma. Las consecuencias son duras para quienes no la cumplen.

Pero -y este es un gran PERO- la norma implica el amor de Dios por nosotros, el aprovechamiento de todos nuestros dones y talentos, el perdón por las faltas que hayamos cometido en caso de que volvamos a Él, así como la satisfacción de servir a los demás y la aventura de servir al Señor. Jesús no nos pide que seamos perfectos, sólo que demostremos nuestra intención de amarlo y seguirlo fielmente, de hacerlo con todo nuestro ser, de "amar al Señor tu Dios con todo tu corazón, con toda tu alma y con toda tu mente ".[87]

Las ventajas de hacer esto consisten sobre todo en experimentar esa paz que no podemos comprender ni saber de dónde procede, en vivir nuestro plan con la totalidad de lo que somos: una profunda satisfacción; un sentimiento de conexión con Dios hasta lo más profundo; la seguridad de que, pase lo que pase, estaremos bien;

una vida llena de oración; una comunión, la mayoría de las veces sin palabras, entre el Señor y nosotros; una profunda confianza en que estamos cumpliendo la voluntad de Dios tal y como la conocemos; y mucho, mucho más.

Esta es la "Buena Nueva" que Jesús nos enseñó. Es lo único que los seres humanos esperamos encontrar en el mundo material, donde nunca hallamos satisfacción, y donde nunca la hallaremos. Sin embargo, para entrar en el Reino hay que ir mucho más allá del aparente deseo, hasta lo más profundo de la vida. Es allí donde el Señor nos encuentra.

El Reino no es el tipo de lugar en el que se puede entrar con un pie dentro y otro fuera. O se entra o se sale. Cada decisión que tomamos nos acerca o nos aleja del Reino. Una vez que estamos en el Reino, cada una de nuestras decisiones nos mantiene allí. No es posible renunciar allí, porque nuestras vidas están tan interconectadas con el Espíritu de Dios que no podemos hacer otra cosa. Podemos proponernos entrar en el Reino, pero al final es Dios quien decide, no nosotros. Jesús dice que "muchos son los invitados, pero pocos los elegidos ".[88] Todo lo que podemos hacer es prepararnos para el Reino y esperar la invitación.

*Ya hemos visto que las enseñanzas de Jesús requieren un alto nivel moral y una gran humildad, como la de un niño pequeño que depende de sus padres, antes de entrar en el Reino, además de una vida dedicada al Señor. El Reino es igualitario y justo, donde vivimos en presencia de Dios. Profundizaremos en este tema en la Parte II...*

# PARTE II: LA PREPARACIÓN PARA VIVIR EN EL REINO

Jesús nos dejó un montón de instrucciones sobre cómo prepararnos para entrar en el Reino. Lo más necesario es una estrecha relación con Cristo/Dios/El Espíritu Santo, porque la mayor parte de lo que hay que hacer es que la Divinidad nos transforme de dentro a fuera.

No podemos transformarnos a nosotros mismos sin importar cuánto deseemos cambiar. Somos demasiado cercanos al tema, muy dependientes de nuestras propias opiniones, suposiciones y expectativas como para ser de mucha utilidad para cambiarnos a nosotros mismos. Si el propósito fuera permanecer en este contexto terrenal, entonces nuestro conocimiento del mismo tendría un valor incalculable. Sin embargo, como el objetivo es estar en este mundo, pero no ser de él[89], lo que sabemos del mundo no nos sirve para nada. No obstante, hay cosas que podemos hacer para seguir por el buen camino a la hora de relacionarnos con Dios; eso es lo que trataremos aquí, en la Parte III.

La principal contribución que podemos hacer a nuestra propia transformación es estar dispuestos y comprometernos a ir donde Dios nos lleve. A lo largo de los capítulos de la Parte III analizaremos los diversos retos que Dios nos irá planteando a medida que él nos transforme en personas capaces de amar a Dios con todo lo que somos, capaces de amar a nuestro prójimo y a nosotros mismos.[90]

Pienso que Dios, al ver a los pocos que lo seguirían y a los muchos que no lo harían, en ocasiones debió querer borrar a la raza humana de la faz de la Tierra, como lo hizo en la historia de Noé y el diluvio. Seguramente, durante el destierro babilónico, el Imperio Romano, las Cruzadas, los estragos de los hunos, las numerosas matanzas de los inocentes, y recientemente en el Holocausto, las masacres de Camboya y Ruanda y otras, se sintió tentado. Pero ha mantenido su Pacto con Noé para dejarnos ser y venir a él por nuestra propia voluntad.

Mientras profundizo en esta reflexión, creo que es muy difícil que uno de nosotros le entregue su vida. El mismo Jesús se opuso en el último momento a su destino, antes de ir a la crucifixión y a la muerte[91]. Los que le seguimos tenemos, pues, sus huellas para caminar y sus instrucciones para seguir, la oportunidad no de imitar, sino de emular. ¡Qué regalo!

# CAPÍTULO 1

## Nace del Agua y del Espíritu

"Yo os bautizo con agua para que os arrepintáis. Pero después de mí viene uno que es más poderoso que yo, cuyas sandalias no soy digno de llevar. Él os bautizará con Espíritu Santo y fuego ".[92]

Según Juan, bautizarse con agua es arrepentirse, es decir, cambiar de modelo de vida. Pero Jesús habla de "nacer del agua "[93] -interpretado como el rito del bautismo o posiblemente como nacer del vientre de una mujer- y del Espíritu. Esto significa que el Espíritu Residente se manifiesta en el interior de la persona, que se le otorga su papel de liderazgo sobre ella. El Espíritu Residente se manifiesta a lo largo de mucho tiempo de construcción de una relación estrecha y co-creativa con Dios, después de la entrega de la persona, cuando la persona recibe los dones del fruto del Espíritu y cuando está preparada para dar el paso definitivo hacia el Reino.

Para mí, el bautismo es una acción exterior que significa una preparación para la transformación interior que supone la aparición del Espíritu Residente. El bautismo es el primer paso en la transformación de una persona ordinaria en una persona de Dios, pero junto con las creencias es sólo el primer paso.

Podemos verlo en los discípulos que durante los dos años del ministerio de Jesús estuvieron a su lado todos los días para recibir sus enseñanzas y su amor. Estaban consagrados a él: dejaron sus hogares, sus familias y sus ocupaciones para seguirlo. Pero, a pesar de todo, no estaban preparados para aceptar su ministerio. En la Última Cena oyeron hablar del Espíritu Santo y de cómo sería su abogado y les ayudaría a recordar cada una de las palabras que

Jesús les había enseñado.[94] Pero no fue hasta que Jesús murió, los visitó varias veces en su duelo y ascendió al cielo, cuando el Espíritu Santo entró en ellos y los transformó instantáneamente en ministros eficaces de las enseñanzas de Jesús.[95] Guiados totalmente por el Espíritu Residente, podían hablar y ser escuchados en cualquier idioma. Podían sanar. Fueron de una dedicación externa a Jesús a una transformación interna que les permitió hacer lo que él había hecho. ¡Increíble!

También Pablo, que iba a difundir las enseñanzas de Jesús junto con los discípulos, tuvo una transformación interior inspirada por Dios. Tres días después de encontrarse con Jesús resucitado -quien le preguntó: "¿Por qué me persigues?"[96] su vida cambió, pero pasaron tres años más antes de que comenzara su ministerio[97] y procediera a esparcir la iglesia primitiva por todo el mundo mediterráneo hasta llegar a las naciones originarias.

Esta transformación interior es lo que Jesús menciona en el versículo de Juan 3:5-6. "En verdad, en verdad te digo que el que no nace de agua y del Espíritu no puede entrar en el Reino de Dios. Lo que es nacido de la carne, carne es, y lo que es nacido del Espíritu, espíritu es."

A veces consideramos que el bautismo es una protección para un bebé, algo que hacen unos padres ansiosos para que vaya al cielo en caso de que muera. O como una promesa de los padres y, en consecuencia, de su iglesia, de asegurarse de que el bebé sea criado como cristiano. O, en las iglesias bautistas, como una afirmación de fe por parte del adulto emergente, un joven adolescente, un bautismo de creyente.

El agua es símbolo de limpieza, de purificación, de la eliminación de lo que se interpone entre la persona y Dios. Es un símbolo, una promesa que hay que vivir. A partir de ahí, el bautismo por el Espíritu entra en escena y se convierte en el verdadero bautismo. Uno empieza con el bautismo de agua y, después, a través de una relación cada vez más profunda con Cristo, uno vive la Vida del Espíritu, la vida vivida en, con y para Dios. Una vez que la presencia del Espíritu Residente se convierte en el motor de la persona, cuando por fin lo ha entregado todo a Cristo, y ha abandonado todas sus suposiciones, expectativas y exigencias humanas de la vida, entonces ha "nacido del Espíritu".

¿Qué debe suceder para que eso pase? Si tomamos como referencia las Bienaventuranzas, los pobres de espíritu son aquellos que están vacíos de sí mismos[98] y son capaces de ser colmados por el Espíritu Santo. Hasta que no seamos finalmente vaciados de las partes problemáticas de nuestro propio lado humano o hasta que no sean transformadas, lo divino que hay en nosotros no podrá manifestarse.

Esto no significa que tengamos que deshacernos de nuestra propia naturaleza humana, pero sí del ego, el carácter y la preocupación por uno mismo -todos ellos rasgos muy humanos-, que deben someterse a la autoridad del alma y del Espíritu a fin de que podamos nacer de nuevo en el Espíritu. Las partes más rebeldes de nosotros mismos quedan bajo la égida del alma. Han sido amadas hasta ser aceptadas por la autoridad del alma y del Espíritu.

El alma requiere de las manos y los pies, la voz y la mente de nuestro ser humano para ser eficaz en este mundo, para que avance el Reino. Los que han nacido del Espíritu han "casado" su alma y su espíritu con su cuerpo físico (la capacidad de actuar) y con su mente y su voz (la capacidad de hablar). Ellos ahora viven en el

Reino como ellos mismos, usando sus talentos, dones y habilidades al servicio del Señor.

La segunda parte de este libro se centra en la evolución de la conciencia del Reino dentro de nosotros. Para la mayoría es una transformación lenta. En el caso de los discípulos, el enorme cambio se produjo tras dos años en compañía de Jesús, recibiendo sus enseñanzas, viendo sus curaciones y aprendiendo de su trato con personas de todo tipo. En el caso de Pablo, fue un cambio de tres días tras su encuentro con Cristo resucitado, más los tres años que tardó en prepararse para llevar a los gentiles a Cristo.

Independientemente del tiempo que nos lleve, el objetivo de este encuentro con Dios es que vivamos en el Reino a medida que persistimos y somos fieles. Si nos entregamos a la sanación, si nos liberamos de todo lo que está arraigado en nosotros y nos despojamos de nuestro yo natural, nos convertiremos en las personas para las que fuimos creados. Ser más humanos que nunca y, al mismo tiempo, vivir el paradigma divino para nosotros: ése es el objetivo de este viaje espiritual.

*Nacer del Espíritu es nuestro primer gran paso. El siguiente es éste: Estar preparados para la llegada del Señor. Simplemente pase la página al capítulo 2...*

# CAPÍTULO 2

## Preparado Para Ser Invitado En Cualquier Momento

Lo segundo más importante que podemos hacer para entrar en el Reino es estar preparados, adelantarnos a la invitación y estar atentos cuando nos llamen, no sólo estar dispuestos a aceptar la invitación, sino también tenerlo todo preparado e incluso tener la "ropa" adecuada que hay que ponerse. Estas instrucciones las encontramos en las parábolas de las Vírgenes Prudentes e Insensatas, el Banquete Nupcial (en Mateo y una similar en Lucas) y el Hijo Pródigo.

*Las Parábolas de las Diez Vírgenes y del Banquete Nupcial en Mateo*

La invitación más obvia a estar preparados está en la Parábola de las Vírgenes Prudentes e Insensatas. La parábola termina con esta enseñanza "Velad, porque no sabéis el día ni la hora" en que vendrá el esposo.[99] Las vírgenes prudentes no sólo tenían sus lámparas consigo mientras esperaban al esposo, sino que también tenían mucho aceite para las lámparas. Habían realizado los preparativos necesarios. Pero las insensatas sólo llevaban sus lámparas. Intentaron pedir aceite a las vírgenes prudentes, pero se lo negaron porque nadie tendría suficiente. Así que tuvieron que salir a comprar aceite, con lo que se perdieron la llegada del novio. Cuando volvieron tarde, las puertas estaban cerradas y el novio respondió a sus súplicas por entrar: "No os conozco".

Para entrar en el Reino se necesitan tanto las lámparas como el aceite. Reflexionemos sobre ello. ¿Qué es lo que hace que nuestras lámparas personales estén encendidas? ¿Cuál es el aceite que nos hace brillar por dentro? En mi opinión, el aceite es la oración, una comunión abierta con Cristo, una verdadera relación recíproca, co-creativa, en la que yo conozco a Cristo y él me conoce a mí gracias a todo el tiempo que hemos pasado juntos. El "aceite" que le faltaba entonces a las vírgenes insensatas era la experiencia real, cotidiana, de Cristo, que no se puede sustituir ni adquirir a última hora. Es algo que se ha ido perfeccionando a lo largo de los años, mediante el tiempo dedicado y la atención prestada al Otro. Si no, ¿cómo podría Cristo conocernos?

Otro aspecto interesante de la parábola se refiere al novio y las vírgenes, es decir, un novio, muchas vírgenes. Si entendemos que todos somos vírgenes -hombres y mujeres- ante Cristo, el esposo, creo que la parábola nos sugiere que debemos acercarnos a él con inocencia, sin tanta sofisticación ni mundanidad, y también con inocencia sexual. Después de todo, nunca antes nos habíamos unido o casado con el Principio Divino, así que debemos venir como somos naturalmente, despojados de todo excepto de la persona para la cual fuimos creados, dispuestos a cumplir el propósito de nuestra creación al servicio del Reino.

Jesús, al utilizar la metáfora de la boda, parece sugerir que el amor es el medio, el amor es el camino y el amor es el resultado de esta unión. Las tres únicas cosas que tenemos que llevar a esta boda son: 1) nuestro verdadero yo, con el ego y la personalidad firmemente bajo el control del alma y del Espíritu; 2) nuestra luz, que refleja la luz de Dios; y 3) el "aceite" para la luz, nuestra experiencia de comunión con el Señor. Entonces estaremos preparados para unirnos a Cristo en el Reino.

Otro aspecto de esta preparación figura en la Parábola del Banquete Nupcial.[100] En esta parábola, el Reino de los Cielos se compara con un rey que invitó a su hijo a un banquete nupcial. Ninguno de los invitados acudió; se negaron. Entonces el rey dijo a sus siervos que salieran a las calles y "reunieran a toda la gente que encontraran, tanto a los malos como a los buenos". Así llenaron la sala.

Cuando el rey entró y vio que uno de los invitados no llevaba el traje de boda adecuado, les ordenó a los sirvientes que "lo echaran fuera, a las tinieblas, donde habrá llanto y crujir de dientes. Porque muchos son los invitados y pocos los escogidos ".[101]

El rey se había enojado con los que se habían negado a venir, pero no perdió más tiempo con ellos. Hizo que los siervos reunieran a un grupo de gente de las esquinas y luego se quejó de la vestimenta de uno de los invitados. También aquí destaca el momento oportuno, que es el de Dios: No sabemos cuándo llegará la invitación para estar en el Reino ni quién será invitado, así que debemos estar preparados en todo momento.

Pero... ¿cuál es la vestimenta adecuada? En aquellos tiempos, todo el mundo sabía lo que había que llevar a una boda, igual que ahora. No saber cómo vestirse sería un insulto. Pero, ¿qué dice Jesús sobre la ropa? ¿Se trata sólo de estar preparado? ¿Con qué debemos vestirnos?

Creo que esto está relacionado con el fruto del Espíritu. El fruto es el producto final del ciclo de siembra o crecimiento. Si no nos relacionamos estrechamente con Dios y lo alimentamos con dedicación, aún no estamos "vestidos", es decir, no hemos sido bendecidos con el "fruto del Espíritu "[102], es decir, la paz, la alegría, el amor, la paciencia, la amabilidad, la gentileza, el autocontrol, la fidelidad y la bondad. Cuando pienso en estos dones, los considero como uno solo, todos unidos por el amor. Todos son interdependientes. ¿Cómo podemos ser amorosos si no tenemos dominio propio, bondad o paciencia? ¿Cómo podemos estar en paz sin amor, alegría o fidelidad? Cada uno de ellos está formado por todos los demás. Por eso en el versículo citado de Gálatas la palabra "fruto" está en singular, no en plural.

Si no tenemos el fruto, aún estamos demasiado llenos de nosotros mismos y no nos hemos vaciado hasta el punto de que el Espíritu pueda llenarnos. No somos humildes; todavía estamos actuando más desde nuestro yo egoísta que desde nuestro yo espiritual. Los primeros invitados se negaron a venir. El siguiente grupo, reunido en una esquina, vino; algunos estaban preparados, otros no. Sólo los que estaban preparados pudieron quedarse.

Nuestra relación con Dios es la preparación esencial para la invitación. No hay atajos, no hay que asumir un lugar para uno mismo si no se ha pasado suficiente tiempo juntos. De lo contrario, al igual que en la Parábola de las Vírgenes Prudentes e Insensatas, el novio dirá: "No os conozco". Tienes que hacer el trabajo previo de conocer a Cristo y comunicarle quién eres para conseguir un lugar en el Reino.

*The Parables of the Lost Sheep, the Lost Coin, and the Prodigal (Lost) Son*

Jesús cuenta en Lucas 15 varias parábolas sobre la oveja perdida, la moneda perdida y el hijo perdido. En cada historia hay algo que se pierde, se busca por todas partes o se vigila y se espera su regreso, y una gran alegría cuando se encuentra lo que se ha perdido.

En la Parábola de la Oveja Perdida Jesús nos pregunta que, si tuviéramos cien ovejas y una se perdiera, ¿no dejaríamos las 99 e iríamos en busca de la que se ha perdido? Y cuando volviéramos a casa con la oveja, ¿no celebraríamos su regreso? Así sucede en el cielo cuando un pecador se arrepiente. Se pierde, es encontrado y se celebra.[103]

La parábola de la moneda perdida se repite: una viuda que tenía diez monedas y perdió una, la busca hasta que la encuentra. Y lo celebra. Como lo hace el cielo cuando un pecador se arrepiente.[104]

En la Parábola del Hijo Perdido (o Pródigo),[105] éste ha gastado toda su herencia y ahora vuelve a casa de su padre, porque, "cuando recapacitó, dijo: '¡Cuántos jornaleros de mi padre tienen comida de sobra, y yo aquí muriéndome de hambre! Volveré a casa de mi padre y le diré: "Padre, he pecado contra el cielo y contra ti: ya no soy digno de ser llamado hijo tuyo; conviérteme en uno de tus jornaleros".[106] Entonces el padre, que había estado esperando el regreso de su hijo, sale corriendo a recibirlo. Entonces devuelve a su hijo la herencia que le corresponde y su lugar en la casa, y celebra su regreso.

El hijo no pedía nada a su padre, más que trabajar para él y comer y dormir como los criados. Pero el padre le da la bienvenida y celebra el regreso de su hijo perdido. El hijo confesó todo lo malo que había hecho -se arrepintió en términos bíblicos- y regresó para empezar de nuevo. Me imagino que regresó avergonzado y tal vez incluso con miedo de cómo iba a ser recibido, pero es recibido con amor y abrazado y plenamente devuelto a su lugar en la familia.

Esta parábola tiene enormes consecuencias para nosotros. Independientemente de lo que hayamos hecho como derroche o pecado o "estar fuera de lugar", como dice la palabra hebrea que traducimos como "pecado", se nos recibe con amor una vez que hemos dado un giro de 180 grados y nos alejamos de esas acciones y faltas. Somos humanos, inconstantes, a veces malos, a veces buenos, pero seres con potencial divino.

El hijo perdido se arrepiente, declarándose renovado; ya se ha enfrentado plenamente a sí mismo y ha visto todo lo que es y ha hecho, y no oculta nada de ello. Él quiere ser un siervo en la casa de su padre, sólo por el alimento que le proporcionaría. Y el padre -léase Dios- lo abraza tal como es, lo ama, lo ha extrañado. Ahora el padre puede celebrar porque lo que se le había perdido ahora lo ha encontrado en él. Y el hijo "perdido" recupera su herencia. Para mí, este es el principal testimonio de la naturaleza de nuestro Dios y de cómo trata nuestros caminos errantes. ¡Vaya! La naturaleza del Reino es que Dios siempre echa semillas, señales y sugerencias, señuelos y cebos, invitaciones para atraernos a su Reino y a nuestra herencia como hijos de Dios. Él pone las semillas justo en nuestros caminos para que las veamos e ignoremos o para que las tomemos y las plantemos en tierra fértil en nuestros corazones y mentes para que podamos abrazar nuestra herencia natural como hijos de Dios.

Pero, una vez que hemos "nacido en el Espíritu", tenemos un período de preparación, para construir una verdadera relación con el Divino, de modo que, cuando nos llame al Reino, estemos preparados para ir. Las parábolas de este capítulo nos han mostrado cómo prepararnos.

En la Parábola de las Vírgenes Prudentes e Insensatas, nos dicen que estemos preparados con nuestro aceite y nuestras lámparas, porque no sabemos cuándo vendrá el novio.

En la Parábola del Banquete Nupcial nos piden que vengamos vestidos de la manera correcta y con el espíritu apropiado de humildad. Evidentemente, hay una lista A de invitados, los poderosos, los ricos, que ignoran la invitación o se niegan a venir. Los demás invitados al banquete son personas sin ninguna posición o poder en la sociedad que son invitadas en el último momento, personas humildes que disfrutan del banquete, para gran sorpresa suya, según sospecho.

Y también están las historias de la oveja y la moneda, en las que se encuentra lo perdido y se celebra, y la del hijo perdido, que se ha arrepentido de todo lo que hizo para tirar su herencia. A él también se le recibe con los brazos abiertos y se le festeja.

Si tuviéramos que resumir este capítulo acerca de la preparación en pocas palabras, serían: oración, humildad, fidelidad y arrepentimiento.

*En el próximo capítulo analizaremos cómo poner a Dios y al Reino por encima de todo.*

# CAPÍTULO 3

## Valorar el Reino Sobre Todas las Cosas

*Las Parábolas del Tesoro Escondido y de la Perla de Gran Valor*

"Buscad primero su Reino y su justicia, y todas estas cosas -lo que habéis de comer, lo que habéis de vestir, todas vuestras necesidades- se os darán por añadidura. No os preocupéis por el día de mañana, porque el día de mañana se preocupará de sí mismo"[107]. Este versículo viene después del que habla de las "flores del campo"[108]. Aquí leemos la promesa directa de que si ponemos a Dios y a su Reino en primer lugar, entonces no tendremos preocupaciones, que todo lo que necesitemos nos será proporcionado. Si ponemos nuestra atención en el Reino, seremos libres, libres para ser y hacer aquello para lo que fuimos creados en este mundo, que creo que es ayudar a traer el Reino, hacerlo visible, mediante nuestros dones y talentos, e incluso nuestros propios retos.

Jesús nos ha ofrecido de diferentes maneras en los Evangelios este principio básico de la Vida del Espíritu: anteponer a Dios y a su Reino por encima de todo. Aparece como principio básico en las Parábolas del Tesoro Escondido y de la Perla de Gran Valor, así como en las historias de dos personas que se dirigían al Reino, pero una quería sepultar a su padre primero y la otra quería despedirse de su familia.

Gracias a un proceso de entrega de nuestras vidas a Dios, utilizando prácticas espirituales para aprender a escuchar esa "voz quieta y pequeña" y luego seguir sus sugerencias, poniendo a Dios como prioridad absoluta en nuestras vidas, es como empezamos a servir y amar a Dios con todo nuestro ser como trayectoria principal de nuestras vidas.

Y, por último, llega un momento en que ya no podemos identificarnos con el mundo: estamos seguros, fieles, en los brazos de Dios. Y nada puede desalojarnos.

Al amar a Dios con todo lo que somos, estamos poniendo a Dios y a su Reino en primer lugar, nos entregamos a Dios y a los demás; no estamos negando nuestras propias necesidades, pero sabemos que Dios se ocupará de ellas para que ya no tengan que preocuparnos.

Jesús ciertamente sabía lo mucho que nos domina la cultura humana, así que todos estos ejemplos que da sobre el tesoro y el no dar marcha atrás una vez que nos decidimos por el Reino son claros, y no necesitan interpretación. En las parábolas del tesoro en el campo y de la perla de gran precio[109], vemos que Jesús insiste una vez más en la importancia del Reino en la vida: "El Reino es como un tesoro escondido en el campo"[110]. Un hombre lo encontró y lo volvió a enterrar. Después vendió todas sus posesiones y compró ese campo. Es interesante: él no lo robó, lo que podría haber hecho. Lo compró con lo que vendió de todo lo demás que poseía. Renunció a todo; después sólo poseyó el tesoro.

¿A qué tuvo que renunciar? A cualquier apego que tuviera a cosas o maneras de pensar y ser propias de este mundo, a cualquier cosa que no pusiera el Reino en primer lugar. "No hay dioses ajenos delante de mí"[111] Y ¿cuáles son los dioses que anteponemos a Dios? La lista es increíblemente larga, tal vez distinta para cada persona. La mía es la siguiente, una lista que elaboré después de entregar mi vida a Cristo: la opinión que los demás tienen de mí, los dulces (tengo adicción al azúcar), mis expectativas sobre cómo debería ser mi vida, la opinión que nuestra cultura tiene de las mujeres, mi miedo y mis dudas, mis suposiciones sobre lo que funciona en la vida, mi preocupación por cómo me veo, y muchos, muchos dioses más.

La importancia del tesoro para el hombre no puede ser exagerada: él vendió todo lo que tenía para obtenerlo. Así que, por derecho y por ley, invirtió todo lo que tenía en comprar el tesoro. ¡Vaya! Una vez más podemos inferir que sus necesidades serán satisfechas por su reverencia hacia el tesoro, hacia el Reino. No tiene más necesidades que no serán satisfechas.

En la parábola de la perla, un comerciante busca perlas muy valiosas. Y cuando encontró una de "gran valor"[112], vendió todo lo que tenía y la compró. También en esta parábola se enfatiza la compra de la perla con el equivalente de todas sus posesiones. Él no regatea por ella. No la roba. Renuncia a todo para poseer esa perla de gran valor. Jesús reafirma aquí claramente que el Reino está por encima de todas las posesiones y, me atrevería a añadir, de todo lo demás que apreciamos: nuestras expectativas, nuestras suposiciones sobre la vida y nuestras preferencias sobre cómo deberían transcurrir nuestras vidas, entre otras cosas.

Jesús explica esto con más claridad en los dos últimos relatos.[113] Había invitado a un hombre a "seguirme",[114] pero éste le contestó que primero tenía que enterrar a su padre. Jesús le dice: "Deja que los muertos entierren a sus muertos, pero tú ve y anuncia el Reino de Dios". ¿Y quiénes son los muertos? ¿Las personas que ya no tienen influencia sobre el hombre? ¿Cosas que ya no importan?

Hay otro hombre que quiere antes despedirse de su familia que seguir a Jesús, y Jesús le responde: "Nadie que pone la mano en el arado y mira hacia atrás es apto para servir en el Reino de Dios."[115]

En mi opinión, esto implica claramente que el Reino se basa en la vida, tal vez en la VIDA con mayúsculas, y que todo lo demás es muerte. Así que cuando el primer hombre quiso honrar a su padre sepultándolo, estaba eligiendo la muerte sobre la vida, el pasado sobre el presente. Y cuando el segundo hombre quiere despedirse de su familia, también está eligiendo el pasado sobre el presente. Cuando estamos preparados para el Reino, cuando lo ponemos en primer lugar, entonces estas cuestiones no tienen sentido para nosotros, por lo menos desde la perspectiva del Reino, y nosotros elegimos esa perspectiva. Estamos preparados o no lo estamos en absoluto.

Prepararse con el corazón, la mente, el cuerpo y el alma para entrar en el Reino implica haber soltado ya todos los apegos, haber preparado a las personas cercanas a ti para que ya no tengan ningún vínculo contigo, en efecto, ya haber dicho adiós.

Recuerde que en otros escritos Jesús dice: "Honra a tu padre y a tu madre "[116], pero "el que ama a su padre o a su madre más que a mí, no es digno de mí "[117]. En estas enseñanzas aparentemente contradictorias, Jesús se refiere al principio de poner a Dios en primer lugar por encima de todo, por encima de todas las personas que amamos, especialmente nuestros padres y familiares, amigos, las personas más cercanas a nosotros. Ellos deben ser algo secundario para nosotros cuando amamos a Dios por encima de todo. Todas sus opiniones, sus suposiciones sobre nosotros, lo que nos han enseñado, lo que esperan de nosotros... todo esto es secundario a la hora de escuchar a Dios. Debemos honrarlos, cuidarlos, amarlos, pero todo esto lo hacemos estando en el Reino de Dios y siguiendo sus instrucciones de cómo debemos estar con ellos. Así es como debemos poner a Dios en primer lugar.

Seguir a Jesús cuesta mucho y nos lleva al último capítulo sobre la preparación. Cuando le decimos sí a Jesús, cuando le entregamos nuestras vidas, cuando experimentamos miles de entregas a lo largo del camino, cuando finalmente hemos llegado al lugar donde el Reino es lo primero en nuestras vidas, no hay retraso que valga, debemos estar listos para ser y hacer lo que Dios ha pensado para nosotros. Sin demora, sin poner a otras personas o cosas en primer lugar, sin negación o postergación, sólo fidelidad y dedicación al Reino.

Porque Dios lo quiere todo de nosotros y no hay nada inferior a eso. Dios nos necesita en el mundo, anteponiendo el Reino, utilizando nuestros talentos, dones y carencias para hacer avanzar el Reino. Para esto hemos sido creados. Y eso es lo que significa seguir a Jesús: que pongamos toda nuestra vida en sus manos y que sigamos, como Jesús hizo con la suya, nuestro destino, siempre con los ojos puestos en el Reino y en el Rey. Es posible que pasemos por momentos como Él en el Getsemaní, cuando dudaba entre "si quieres, aparta de mí este cáliz" y "pero que no se haga mi voluntad, sino la tuya "[118]. Pero en ese momento estamos cumpliendo nuestra vida como Él lo hizo, sin importar el costo personal para nosotros. Desde donde estamos sentados ahora, no muy cerca de donde Dios nos llevará, sólo vemos lo que cuesta, pero en la cruz Jesús veía claramente a Dios y perdonaba a la humanidad. En un momento susurró estas palabras: "Dios mío, Dios mío, ¿por qué me has abandonado?"[119] Y en el momento siguiente entregó su espíritu a Dios.

De estas breves parábolas y lecciones resulta claro que poner a Dios y a su Reino en primer lugar es lo primero en la lista de cualidades necesarias para entrar en el Reino de Dios. Para conseguir el tesoro, para vender todo lo que tiene, para alejarse de su padre muerto, para no despedirse de su familia, un hombre o una mujer tiene que estar libre de todo estorbo, de todo el pasado, de todas las preocupaciones, de todo lo que nos esclaviza.

Hay muchos versículos en los Evangelios en los que Jesús nos habla de la llegada del Hijo del Hombre.[120] Y hay aún más referencias al respecto en las Epístolas y en el Apocalipsis. Ya hablamos de las consecuencias de separar a las ovejas de las cabras, a los peces buenos de los peces malos. En este punto sólo quiero añadir que tenemos una parte de esa responsabilidad por lo que respecta a que el Reino sea viable en la tierra, por lo que respecta a su visibilidad en todo lo que hacemos.

Si vivimos en el Reino, aportamos al mundo amor, paz, alegría, perdón, amabilidad, bondad, fidelidad, autocontrol y paciencia. Enseñamos una forma de vivir totalmente distinta. Somos los miembros más visibles del Reino. Cuanto antes lleguemos y contribuyamos a él, antes se sentirán sus efectos en todo el mundo. El Reino no llegará sólo cuando Cristo venga, sino cuando el suficiente número de los que formamos el cuerpo de Cristo podamos vivir en el Reino con Cristo. Entonces ayudaremos a realizar la llegada del Reino.

*En el capítulo 4 discutiremos el uso y la multiplicación de nuestros dones y talentos.*

# CAPÍTULO 4

## Utilice Sus Dondes y Talentos Que Se Multipliquen

Dos parábolas portan este mensaje: Utilicen sus dones y talentos, que se multipliquen.

*La Parábola de las Monedas de Oro (o Talentos) y la Parábola de las Diez Minas*

La primera parábola está en Mateo.[121] Un hombre se fue por un tiempo y antes de irse le confió a tres siervos algunas de sus monedas. A uno le dio cinco, al segundo dos y al tercero una. Los dos primeros se pusieron manos a la obra y multiplicaron por dos lo que el hombre les había dado. El tercero enterró su única moneda porque tenía miedo de su amo.

Cuando el dueño regresó, se alegró de las ganancias de los dos primeros criados, pero cuando se encontró con el tercero y se enteró de que había enterrado la moneda por miedo a él, se enfureció. El amo sugirió que, al menos, podría haber ganado algún interés con los banqueros. Dio la moneda del hombre al que tenía diez y mandó echar al hombre a las tinieblas. En la Biblia NVI esta parábola se llama la Parábola de las Bolsas de Oro, pero tradicionalmente se ha llamado la Parábola de los Talentos.

El dueño le confió a sus siervos sus monedas-talentos, oro, como usted quiera llamarlo. Les confió partes de su Reino y recompensó a los que usaron sus "talentos" con el doble de lo que les había dado. Confió en ellos y ellos le devolvieron la confianza.

Esta es una clara señal de que debemos utilizar todo lo que Dios nos ha dado y multiplicarlo invirtiéndolo.

El tercer siervo que temía al Señor y no confiaba en él no utilizó su moneda para multiplicar su valor o incluso para ganar intereses. Él conocía al dueño como un "hombre duro", no como alguien que tenía sus intereses en el corazón. Así que enterró su moneda, ni siquiera la invirtió con un banquero donde habría ganado algún interés. No quiso participar en un resultado positivo para el amo y para sí mismo.

En la versión de Lucas, la Parábola de las Diez Minas[122], el hombre fue a un país lejano para que lo nombraran rey. Antes de irse, llamó a diez de sus siervos y repartió diez minas entre ellos. "Poned este dinero a trabajar", les dijo, "hasta que vuelva". Una mina equivalía al salario de tres meses.[123]

Cuando el hombre regresó, les preguntó a sus siervos por el dinero. El primero dijo que su mina había ganado diez más. El segundo dijo que había ganado cinco más. Otro criado le devolvió la moneda y se la dio. "Te tenía miedo, porque eres un hombre duro."[124] El hombre cogió su moneda y se la dio al que tenía diez. Cuando los otros criados se quejaron de que ya tenía diez, el hombre respondió: "Yo os digo que a todo el que tiene se le dará más, pero al que no tiene nada se le quitará hasta lo que tiene ".[125]

Hay dos nuevos elementos en la historia de Lucas.

Primeramente, este propietario quería ser rey de un país lejano. Aunque los ciudadanos se opusieron a que fuera su rey, fue nombrado rey. Cuando regresó a casa, ordenó a sus siervos que trajeran a los que se oponían a que fuera rey y los mataran delante de él.

En segundo lugar, los siervos recibieron una mina cada uno. Al que ganaba diez minas se le daba el mando de diez ciudades; al que ganaba cinco minas se le daba el mando de cinco ciudades.

Evidentemente, aquí hay una cuestión de lealtad: Aquellos que usan su dinero sabiamente y lo multiplican y aquellos que lo aceptan como rey son recompensados, pero aquellos que le temen o se rebelan contra él son castigados.

Jesús nos cuenta esta parábola, según Lucas, porque las personas cercanas a Jerusalén pensaban que el Reino iba a manifestarse muy pronto.[126] Contando esta historia parece estar diciendo que hay que esperar un tiempo en el que todo se invierta antes de que pueda llegar el Reino. En cierto modo es como decir que todos tenemos que demostrar el uso sabio de nuestros talentos (minas u oro o dones) antes de que el Reino pueda llegar a nosotros o habitemos en él. Tenemos que invertir en el crecimiento de lo que se nos ha dado, debemos saber administrar los dones que tenemos.

Si usted practica el atletismo, notará que no siempre la persona más talentosa es la que llega más lejos en ese deporte, sino la que tiene más determinación y voluntad de trabajar duro para desarrollar el talento que tiene. No por tener talento tenemos vía libre. No nos podemos conformar con eso, sino que debemos seguir invirtiendo en nuestra vida lo que se nos ha dado, lo que tenemos, para poder devolver a nuestro Creador mucho más de lo que se nos ha dado.

Estas dos parábolas nos enseñan claramente lo siguiente: lo importante es lo que hacemos con lo que se nos ha dado, no cuánto tenemos. De modo que tanto si tenemos cinco monedas como dos o una, se espera la misma proporción de crecimiento.

Aunque no sé qué pensar sobre la situación del hombre que sería rey para la gente de una tierra lejana, imagino que tiene que ver con la percepción que la gente tiene de ese hombre. Como el siervo que se quedó con la moneda que le dieron o la enterró, lo ven como un hombre duro. Lo han juzgado desde su propia y estrecha perspectiva. Es un hombre generoso con aquellos que trabajan con él. Pero a los que le temen, a los que no le dan su lugar en sus vidas, no les tiene ningún cariño. En Mateo expulsa al siervo a las tinieblas. En Lucas le quita la moneda que le dio, y luego manda matar a todos los súbditos de la tierra lejana que se opusieron a él. ¿Se percibe la respuesta del esposo a las vírgenes insensatas: "No os conozco"? No trabajamos juntos. No nos comunicamos. Ni siquiera estamos de acuerdo en muchas cosas. No estabas preparada para mí. No os conozco.

Ser conocido por el maestro/el dueño/el novio es estar en una relación estrecha, haber entregado nuestra vida en servicio a Él, haber compartido todo lo que somos, todo nuestro dolor y sufrimiento, todas las bendiciones y las gracias, haber recorrido un largo camino juntos. No hay barreras entre usted y Él, es su mejor amigo, su compañero, el que lo desafía a dar lo mejor de sí mismo, el que lo ama, el que mejor lo conoce.

Esta es la clase de relación de la que Jesús habla y que define quienes están en el Reino y quienes no. Yo no te conozco y tú realmente no me conoces; tal vez por lo que la gente te ha dicho, por lo que has leído, pero no por experiencia personal. Lo que realmente se valora en la enseñanza de Jesús es su propia experiencia con el Dios viviente y el uso de todo lo que él le ha dado a usted para devolvérselo a la vida, a los necesitados, a los afligidos, a los enfermos, a los presos, a los hambrientos y a los sedientos.[127]

Yo crecí en una iglesia que predicaba el fuego del infierno y la condenación, así que me identifico con los hombres que enterraron la moneda por miedo. Pero creo que lo que nos enseñaron de niños nunca debería ser el final de la historia. ¿Debo considerar a Dios para siempre como un Dios castigador, vengativo y caprichoso? ¿Debo temerle? ¿Debo enterrar todo lo que me ha dado y no utilizarlo? ¿O sigo buscando la manera de amar a Dios?

En otras palabras, ¿debo buscar a un Dios con el que pueda vivir y dejar que Dios me demuestre quién es? Nuestras vidas deben basarse en nuestra experiencia con Dios, no en las enseñanzas sobre Dios. Esas enseñanzas, ahora incorporadas en nosotros como creencias, pueden ser muy limitadoras o incluso crueles, como en mi caso, dependiendo de la interpretación. El objetivo es tener una relación, estrecha, con ese Dios vivo, ese Cristo vivo, no con el que está solidificado o cifrado en nuestras religiones.

Yo sé que el depender más de Dios que de la Iglesia hace que la Iglesia se sienta incómoda y con frecuencia juzgue lo que ocurre en la vida de alguien que conoce bien a Dios. Pensemos en cómo consideraba la Iglesia a los santos en el pasado. No era capaz de controlarlos; cada uno seguía el espíritu de Dios, sin importar a dónde éste lo llevara, tanto si lo que hacía estaba de acuerdo con la doctrina de la Iglesia como si no.

*En el Capítulo 5 continuaremos con este tema del uso de nuestros dones y dejar que se multipliquen junto con el hecho de vaciarnos de nosotros mismos.*

# CAPÍTULO 5

## *Depojarnos de los que Somos*

En las Bienaventuranzas encontramos diversas expresiones que nos invitan a despojarnos totalmente de lo que somos. En este capítulo tomaré como referencia el capítulo de Cynthia Bourgeault sobre las bienaventuranzas en La sabiduría de Jesús [128] y el concepto de Jim Forrest de las bienaventuranzas como un camino en el que cada escalón, de cada bienaventuranza, dependerá de que se haya alcanzado el escalón anterior para poder seguir adelante.[129]

La primera bienaventuranza es la de los "pobres de espíritu"[130], pero Bourgeault nos sugiere que la interpretemos como un estado en que estamos vacíos de lo que somos[131]. En general estamos llenos de nosotros mismos, de nuestras preocupaciones, de nuestras suposiciones sobre la vida y de nuestras ideas sobre cómo debería transcurrir nuestra vida, es decir, de los ojos a través de los cuales vemos y juzgamos la realidad. Pero esta manera de pensar y actuar nos impide ver lo que realmente tenemos delante; empaña nuestra visión, fortalece nuestro peculiar punto de vista. Para poder entrar al Reino, debemos despojarnos de todas esas cosas y de todo aquello a lo que estamos apegados (incluidos nuestro padre y nuestra madre y todos nuestros seres queridos), para poder unirnos a Dios con todo nuestro ser: corazón, mente, alma y cuerpo.

Vaciarse no significa necesariamente desprenderse. En un contexto espiritual, estar vacío significa no tener nada entre nosotros y Dios: ni muros, ni objetivos ocultos, ni dolor y sufrimiento escondidos. Todo tiene que manifestarse ante Dios, y en esa manifestación pedimos que se nos cure, que se nos libere de la vergüenza y la culpa; que se derriben los muros que se interponen entre nosotros y Dios. Uno de los temas centrales de la vida espiritual es nuestra capacidad para acercarnos a Dios tal y como somos, con todas nuestras imperfecciones. No es una cuestión de intentar arreglarnos o ponernos una máscara que oculte nuestras imperfecciones. Nos presentamos ante Dios tal y como somos, tal y como fuimos creados, con todas nuestras experiencias y el efecto que han tenido en nosotros aquí en la tierra, todas esas cosas a las que nos hemos dedicado y a las que nos dedicamos.

Así, Dios tiene una buena materia prima con la que trabajar -nuestro propósito, talentos, retos y dones creados-, además del dolor y el sufrimiento que hemos padecido en el camino y los apegos a la cultura que nos mantienen en este mundo. Al presentarnos ante Él vacíos y desnudos, podemos ser transformados y preparados para vivir en el Reino. Estar vacío es el primer paso.

Cuando estamos vacíos, el siguiente escalón de la escalera de las Bienaventuranzas es "Bienaventurados los que lloran, porque ellos serán consolados ".[132] Dios, que nos acompaña en nuestros viajes por la vida, tanto si somos conscientes de ello como si no, nos acompaña en nuestro dolor para apoyarnos, sostenernos, consolarnos y ayudarnos a guiarnos. La parte que nos corresponde en este escalón de la escalera es llorar todas las pequeñas y grandes pérdidas de nuestra vida, tomar nota de lo que nos ha pasado. El duelo, según Bourgeault, es "una forma brutal de vaciarse"[133] para poder recibir. Si no nos lamentamos adecuadamente, siempre estaremos llenos de nosotros mismos, de nuestras pérdidas, de nuestros apegos. Si nos lamentamos adecuadamente, entonces seremos libres para volver a llenarnos, a llenarnos del Espíritu de Dios.

La tercera bienaventuranza es: "Bienaventurados los mansos, porque ellos heredarán la tierra".[134] Para Bourgeault, los mansos son quienes han sido "domados".[135] Pensemos en la diferencia entre un caballo que ha sido "domado" y un caballo que ha sido apaciguado. Ambos caballos son mansos, pero el primero obedece y el segundo se apega al domador. Lo mismo ocurre con nosotros, los humanos. Podemos ser domados, pero siempre habrá un trasfondo de ira o rebeldía. Si somos apaciguados en nuestro aprendizaje, seremos de por vida los domadores.

La última bienaventuranza, "Bienaventurados aquellos que han sido perseguidos a causa de la justicia, porque de ellos es el Reino de los cielos"[136], se refiere a que pongamos a Dios y a su Reino en primer lugar por encima de todo. Hay una historia sobre Cipriano, el obispo de Cartago, en el norte de África, en el siglo III d.C.[137] Era una época en que había muchos emperadores en el Imperio Romano, y algunos perseguían a los cristianos y otros no. Pero en el año 258 d.C. el emperador Valeriano promulgó un decreto por el que todos los obispos, sacerdotes y diáconos que no le juraran lealtad serían ejecutados. Cipriano no quiso jurar lealtad. El gobernador de Cartago se mostraba poco dispuesto a condenar a muerte a un miembro de su clase, pero Cipriano, convencido de que tenía que ser un mártir para la Iglesia, que había llegado su hora, insistió en que se llevara a cabo la ejecución. Él, junto con sus seguidores, se dirigió al lugar de las ejecuciones. Pidió a sus seguidores que dejaran cierta propina al verdugo, porque sólo estaba haciendo su trabajo. Luego extendió las manos a la espalda para que se las ataran. Y estiró el cuello para que el verdugo le clavara la espada. Miles de personas creyeron en el cristianismo al ver u oír hablar de su valentía y su despreocupación, de su fe en Dios ante la muerte.

Cuando una persona ha recorrido todos los escalones de la escalera de la Bienaventuranza, es una persona vacía, y luego despojada radicalmente, apacible, misericordiosa, pura de corazón, pacificadora y perseguida, está tan lejos de cualquier preocupación por su propia vida que sólo vive al servicio del Reino. Así es como los primeros mártires, como Cipriano, afrontaron a sus verdugos, sin miedo ni temblor. Ellos ya no vivían en este mundo, sino sólo en el Reino que está aquí y ahora. Bourgeault llama a esto libertad.[138]

Estos mártires y otros que confiaron totalmente en el Señor creían lo que Jesús enseñaba: "Llevad mi yugo sobre vosotros y aprended de mí, que soy manso y humilde de corazón. Y hallaréis descanso para vuestras almas. Porque mi yugo es fácil y ligera mi carga".[139] Libres de toda preocupación. Libres del miedo a la muerte. Libres para afrontar la persecución como lo hizo Jesús.

"Porque soy manso y humilde...". ¿Qué es la humildad? ¿Es humillarse, rebajarse, sobre todo menospreciar todo lo que surge del cuerpo? ¿La humildad, como la consideramos normalmente, es un manto que oculta nuestra naturaleza humana? ¿Donde la ira, el miedo y el poder se esconden bajo el manto? Esta es una falsa humildad, una que no se ha logrado, pero que se quiere en la cultura de una iglesia. Cuando yo crecía, la gente estaba segura de llevar un manto protector de piedad y humildad tratando de superarse unos a otros en abajarse.

Esto no es humildad. Es una farsa. La auténtica humildad en el sentido religioso es saber cuál es el lugar de uno en el orden de las cosas: que uno es el segundo después de Dios y que es igual a todos los seres humanos de este planeta, independientemente de su educación, trabajo, posición en la estructura de poder, raza o religión. Consiste en no necesitar llamar la atención, en dejar de ser deshonesto para conseguir lo que uno necesita.

Y más importante aún, la humildad expresa nuestra admiración y respeto por Dios, por su providencia, porque satisface nuestras necesidades, porque, pase lo que pase, todo saldrá bien. Es caminar por esta tierra en suelo sagrado, quitarnos los zapatos ante el arbusto en llamas.[140] Cipriano era un hombre humilde. No pensaba que como obispo necesitaba vivir para guiar a su rebaño, que él era esencial para el grupo. Se entregó a lo que se necesitaba en ese momento.

Jesús se quejaba de los fariseos y de los escribas porque estaban llenos de sí mismos: "No practican lo que predican... Todo lo que hacen lo hacen para que la gente lo vea..."[141] y mucho más. Después se dirigió directamente a la multitud y a los discípulos: "El mayor entre vosotros será vuestro servidor. Porque los que se enaltecen serán humillados y los que se humillan serán enaltecidos"[142]. Debemos servir a nuestro Señor a través de otras personas y circunstancias, no ser servidos. Podemos contar con que nuestras propias necesidades serán satisfechas,[143] por lo que somos libres para servir a los demás.

Jesús, en la última cena con sus discípulos, comenzó lavándoles los pies. Algo tienen esos pies malolientes y polvorientos, callosos y secos, que habla más de la propia humildad de Jesús que el propio acto de humildad. Después comenzó a enseñarles: "¿Comprendéis lo que he hecho por vosotros? les preguntó. "Me llamáis Maestro y Señor, y con razón, porque eso es lo que soy. Ahora que yo, vuestro Señor y Maestro, os he lavado los pies, vosotros también debéis lavaros los pies unos a otros. Os he dado ejemplo para que hagáis como yo he hecho con vosotros. Les aseguro que ningún siervo es mayor que su señor, ni el mensajero es mayor que el que lo envió. Ahora que ya sabéis estas cosas, seréis bienaventurados si las ponéis en práctica."[144]

Después, en el capítulo 22 de Lucas, al describir la última cena, Jesús interrumpe una disputa entre los discípulos sobre quién es el mayor: "Al contrario, el mayor entre vosotros debe ser como el más joven, y el que manda como el que sirve. Porque, ¿cuál es mayor, el que está a la mesa o el que sirve? ¿No lo es el que está a la mesa? Pero yo estoy entre vosotros como el que sirve".[145] Jesús no proclama sus poderes, su capacidad de curar. No afirma ser el hijo de Dios; sobre todo, esquiva esas preguntas. Ha venido a servir, a enseñar, a curar, pero no a proclamar un Reino terrenal con él como rey, como David. Él ha venido a servir.

Humildad, servicio: estas son las palabras clave de Jesús. No tenía favoritos entre sus discípulos, no fomentaba este tipo de competencia. Siempre puso énfasis en el servicio y lo vivió. Él personificó la humildad, no la humillación de sí mismo, sino el verdadero temor y respeto por su Abba y el servicio a todos sus semejantes.

*En el capítulo 6 analizaremos el segundo de los Grandes Mandamientos: amar al prójimo como a uno mismo.*

# CAPÍTULO 6

## *Ame Al Prójimo Como a Usted Mismo*

El Segundo Gran Mandamiento depende del primero, que es amar a Dios con todo nuestro ser: corazón, mente, alma y fuerzas.[146] Amar a Dios, poner el Reino en primer lugar, nos permite amarnos a nosotros mismos y a los demás. Al abrirnos a amar a Dios, también tenemos que abrirnos a amarnos a nosotros mismos. De eso depende nuestra capacidad de amar. Porque, ¿quién puede amar a quien nunca se ha sentido amado? ¿Quién puede amar a quien más necesita amor? ¿Quién puede amar a quien oculta su ser por miedo a ser juzgado o rechazado? Tenemos que creer que somos amables y queridos para poder recibir el amor que Dios nos tiene y derramarlo de nuevo en nuestro prójimo.

¿Y quién es nuestro prójimo? TODOS. Cualquiera que esté delante de nosotros. A quien Dios nos pida que sirvamos. No es sólo la persona que vive a nuestro lado o nuestros amigos y familiares, gente como nosotros, sino el extraño que nos llama a través de Dios para servirle.

*La Parábola del Buen Samaritano*

Jesús contó la Parábola del Buen Samaritano[147] para responder a esta pregunta: "¿Quién es mi prójimo?"

Cuando iba de Jerusalén a Jericó, unos ladrones asaltaron a un hombre. Lo dejaron medio muerto. Un sacerdote pasó por el camino al verlo, y lo mismo hizo un levita. Pero un samaritano, al ver el estado del hombre, se acercó a él, le vendó las heridas y lo subió a su asno para llevarlo a una posada. Después de cuidarlo esa noche, le pagó al posadero por sus cuidados y le prometió que volvería y le pagaría cualquier gasto extra que él hubiera ocasionado.

Jesús le preguntó luego a la persona que había hecho la pregunta inicial: "¿Cuál de estos tres crees que era prójimo del hombre que cayó en manos de los ladrones?". "El que se compadeció de él"[148] El "prójimo" en este caso era desconocido para el sacerdote, el levita y el samaritano. El sacerdote y el levita pasaron de largo y siguieron su camino, pero el samaritano se compadeció del malherido. No importaba quién fuera; él ayudó porque la ayuda era necesaria.

¿Qué es la misericordia? La antigua palabra griega traducida como misericordia en este versículo es eleos, un sustantivo. Su significado era "misericordia, piedad, la cualidad moral de sentir compasión y especialmente de mostrar bondad hacia alguien necesitado". Esto puede referirse a la bondad humana y a la bondad de Dios hacia la humanidad".[149]

La misericordia, la bondad y la compasión están relacionadas con el fruto del Espíritu: La misericordia es parte del amor, al igual que la compasión; la bondad es una parte del amor, de la paciencia y de la bondad. Estas no son cualidades diferentes que se puedan adquirir individualmente. Son actitudes relacionadas entre sí hacia otra persona, que se dan en alguien que tiene una relación profunda e íntima con Dios. No se puede amar si no hay compasión o bondad o paciencia o alegría o autocontrol o cualquiera de los otros frutos. Estas cualidades no las practicamos nosotros, sino que nos son dadas desde lo más profundo de nuestra alma, por Dios, en agradecimiento por haber puesto a Dios en primer lugar.

Estas virtudes son el requisito para entrar al Reino. Lo único que podemos hacer es ser cariñosos, amables, pacientes, pacíficos, alegres, buenos, fieles, amables, capaces de dominarnos[150]: todos son frutos del Espíritu. Me imagino que aquel primer día de Pentecostés, de repente, los discípulos se llenaron del Espíritu, y experimentaron una transformación instantánea que les permitió sanar y ser escuchados por personas que no hablaban hebreo en todas las lenguas. También fueron llenos del fruto del Espíritu. El fruto del Espíritu era lo que ellos necesitaban para continuar con la obra de Cristo en la Tierra. Y ese fruto es exactamente lo que necesitamos ahora para llevar a cabo la obra de Cristo en la Tierra.

No podemos mostrar compasión sin ser cariñosos; no podemos ser pacientes si no somos amables, y así con todo.

En la Parábola de las Ovejas y las Cabras de Mateo, Jesús menciona cuatro veces estos actos de compasión, dos en sentido positivo y dos en sentido negativo: "Tuve hambre, y me disteis de comer; tuve sed, y me disteis de beber; era forastero, y me hospedasteis; necesitaba ropa, y me vestisteis; estaba enfermo, y me curasteis; en la cárcel, y vinisteis a visitarme…"[151]. ¿Cómo podría ser más específico que detallando estas necesidades básicas? Debemos satisfacer las necesidades de cualquiera que nos llame pidiendo ayuda.

En el versículo 40, Jesús añade de nuevo algo a la definición de prójimo: "En verdad os digo que lo que hicisteis al más pequeño de estos hermanos míos, a mí me lo hicisteis".[152] Y esta es la razón por la que debemos ser tan serviciales con nuestros prójimos, tanto si son extraños como si viven al lado de nuestra casa: Tenemos que ver a Jesús en el rostro de la persona necesitada; debemos responder a ella como si Jesús estuviera delante de nosotros. Cada persona, sin importar su raza, religión o condiciones de vida, tiene el Espíritu de Dios Residente (tanto si se realiza como si no), y ha sido creada por nuestro Señor a su imagen y semejanza, y merece nuestra ayuda y atención.

Si estamos unidos íntimamente a Dios/Cristo Jesús/Espíritu Santo, entonces debemos tratar a cada persona como si la persona a la que adoramos estuviera delante de nosotros. ¿Y qué debemos hacer con Dios en todas sus formas? Amarlo completamente. Y así con el prójimo como con Dios. Porque en este momento, el prójimo es la persona más cercana a Dios que tenemos ante nosotros, lleno de necesidades. Y debemos satisfacerlas con todo el amor, la compasión, la alegría, la paciencia, la paz y los demás frutos del Espíritu que llevamos dentro.

Porque el amor es la moneda del Reino, junto con todos los demás frutos del Espíritu. Sin el amor de Dios y el nuestro, estamos perdidos. El perfecto amor de Dios es la gran fuerza de cambio de este mundo: Quien lo experimenta no puede seguir siendo el mismo. Por eso, si aportamos el amor de Dios a todos los que encontramos, es decir, si somos ejemplos vivientes del fruto del Espíritu, estamos liberando el poder del amor para transformar y corregir, para sanar y para atar.

*En el Capítulo 7 analizaremos el tema de entrar en el Reino siendo como un niño pequeño.*

# CAPÍTULO 7

## Sea Como Un Niño Pequeño

Jesús recibió a los niños pequeños después de que sus discípulos intentaron rechazarlos, porque "el Reino de los cielos es de quienes son como ellos".[153] ¿Por qué diría Jesús eso? Los niños pequeños no tienen todavía una edad razonable; son dependientes de los padres para satisfacer sus necesidades; no pueden salir de casa y seguirlo. Entonces, ¿qué quiso decir aquí?

Los niños pequeños y los bebés... no saben muy bien cómo satisfacer sus necesidades. Tal vez tengan hambre, pero necesitan que un padre sabio les proporcione comida sana para nutrirse correctamente. O puede que no sepan reconocer el peligro cuando se presenta y corran hacia la carretera sin mirar. Por eso necesitan a alguien que los guíe. Un niño tarda mucho tiempo en madurar y tomar las decisiones sabias y sanas de un adulto. Y algunos adultos no suelen conseguirlo nunca.

Entonces, ¿qué tienen los niños pequeños que los hace aptos para el Reino de Dios?

Primero, necesitan mucha comida, abrigo y ropa que alguien más sabio que ellos tiene que satisfacer. Por tanto, dependen de otra persona.

Segundo, ellos necesitan ser amados. Si vemos a los niños de todas las edades, nos daremos cuenta de que, en cuanto satisfacen sus necesidades físicas, necesitan que un adulto les dé cariño, los abrace, los vea en todo su esplendor y en sus dificultades para aprender a comportarse en este mundo. Cuando los niños prueban un truco nuevo, cuentan un chiste o hacen casi cualquier cosa, están atentos para ver si uno de sus padres, abuelos o amigos se da cuenta y lo felicita o lo consuela.

Los niños buscan a alguien que realmente esté de su lado. Alguien que les proporcione amor, los acepte, atienda sus necesidades físicas, cure sus heridas y responda a sus sentimientos heridos. Alguien que les oriente sobre cómo afrontar la vida.

Jesús dice que tenemos que "recibir el Reino de Dios como un niño pequeño". Obviamente no está hablando de volver a gatear por el suelo. Entonces, ¿a qué se refiere?

Jesús nos promete que así como un niño puede confiar en que sus padres lo cuidarán y le enseñarán todo lo que necesita, nosotros podemos estar seguros de que se satisfarán nuestras necesidades de comida, ropa, abrigo, objetivos y una vida con sentido, porque "tu padre sabe que las necesitas, pero busca su Reino y todas esas cosas se te darán".[154] La relación que describe podría verse como totalmente dependiente, pero a mí me parece más una relación entre un piloto y otro. Cuando co-piloto con Dios el "avión" que es mi vida, hay entre nosotros mucho intercambio, una conversación en la que describo todo lo que está en mi corazón y en mi mente, lo hablamos, yo lo escucho y luego sigo sus indicaciones, porque Él sabe mucho mejor que yo lo que realmente necesito, cuál es el siguiente paso que debo dar en este viaje. Estoy demasiado unida a mi vida para resolverlo por mí misma. Estoy aprendiendo a volar, a vivir, pero el timón está firmemente en sus manos.

La otra característica de los niños pequeños es su inocencia. Son inocentes. No lo han probado todo, ni siquiera lo que no deberían hacer. No son sofisticados. Cualquier cosa que sientan, todo el mundo a su alrededor lo sabrá inmediatamente. No hay ningún disfraz, nada se esconde. Tienen una integridad como pocos adultos.

Entonces, aquí es cuando regresamos a sentir la inocencia de un niño pequeño: nos despojamos de la sofisticación, la desobediencia y el condicionamiento cultural e incluso familiar hasta que volvemos al ser para el que fuimos creados, a esa materia prima que puede moldearse y formarse como Dios nos ve y quiere que seamos. Finalmente, ahora el alma/espíritu está al mando, no la personalidad o el ego; éstos han sido incluidos, han sido eclipsados por el alma. Es el alma la que tiene el plan para nuestras vidas que Dios estableció en nosotros en el momento de la concepción y, junto con el Espíritu Santo, nos conducirá a donde estábamos destinados a ir hace mucho tiempo. Dios tiene un propósito para cada uno de nosotros. Esto significa utilizar nuestros dones y talentos, e incluso nuestros problemas, para amar y traer el Reino a la tierra.

Si Dios tiene cubiertas todas nuestras necesidades, ¿qué significa eso para nosotros? Dado que podemos confiar en Dios para satisfacer nuestras necesidades físicas, espirituales, psicológicas y mentales, ¡somos libres! Somos libres para ser quienes somos en el mundo. Somos libres de toda restricción económica. Somos libres de lo que los demás esperan de nosotros. Somos libres de ser exactamente para lo que fuimos creados. En esta relación de dependencia con Dios, dado que somos muy amados, somos capaces de amar mucho, de dejar que el amor de Dios fluya dentro y fuera de nosotros hacia todos los que conocemos. Junto con el amor, estamos dando libremente paciencia, alegría, paz, bondad, amabilidad, fidelidad y autocontrol: el fruto del Espíritu.

Cuando somos capaces de expresar libremente el amor de Dios a todos los que nos rodean, cuando se nos ha dotado del fruto del Espíritu debido a nuestra profunda relación con Dios y a nuestra dependencia de Él, entonces estamos realizando con amor aquello para lo que fuimos creados en este mundo. Y la capacidad de amar tal como Dios ama es lo que trae el Reino. Porque este amor eterno, inagotable y generoso es el gran agente de cambio del mundo. Es la moneda del Reino y todo el que cambie su punto de vista sobre el mundo por el punto de vista de Dios se encontrará en el Reino.

En lo que he escrito acerca de la satisfacción de todas nuestras necesidades hay cosas que reflejan el Gran Mandamiento de Jesús: amar a Dios con todo nuestro ser -corazón, mente, alma y fuerzas.[155] Porque cuando nuestras necesidades están satisfechas, cuando no falta nada, cuando nuestros corazones, mentes, almas y cuerpos están en paz, podemos amar con todo nuestro ser. Entonces podremos amar a Dios, a nosotros mismos y a los demás. Seremos capaces de estar presentes para Dios, para nosotros mismos y para los demás, sin importar lo que suceda. Somos capaces de llevar el fruto del Espíritu a cualquier situación y la otra persona siente el amor eterno.

Ése es el objetivo de la vida aquí en la Tierra. Dios nos pregunta en cada momento: ¿Puedes amar cuando tu mundo se desmorona? ¿Puedes amar cuando las cosas van bien? ¿Puedes amar cuando estás enfermo, pobre, debilitado? Si eres como un niño en los brazos de Dios, puedes.

Inocencia, dependencia, buscar la satisfacción de las necesidades y amar... éstas son las cualidades de un niño pequeño que nos hacen entrar en el Reino.

*En el Capítulo 8 se habla del Primer Gran Mandamiento que todo lo abarca: amar a Dios con todo nuestro ser.*

# CAPÍTULO 8

## Ame a Dios Con Todo Su Ser

Sobre todas las exigencias para entrar en el Reino está ésta: amar a Dios con todo nuestro ser: mente, alma, corazón y cuerpo.[156] Éste es el Gran Mandamiento que proclamó Jesús. En él se resumen todos los demás requisitos, leyes y enseñanzas del Antiguo Testamento y del Nuevo. Debemos entregarle a Dios todo nuestro ser en amor, culto, adoración, gratitud, necesidad y servicio. Debemos estar dispuestos a ir donde Dios nos lleve y a hacer lo que nos pida. Tenemos que poner nuestras vidas, nuestros propósitos en servirle por encima de todo, y durante ese proceso tenemos que entregar nuestras armas, nuestros enojos, miedos, los muros que nos separan, lo que esperamos, las suposiciones y los deseos, para que Dios pueda transformar esas energías debilitantes en energía creativa y positiva al servicio de su Reino.

A los discípulos y a Pablo les costó varios años lograrlo, pero puede tardar toda la vida; eso realmente no importa. Lo que importa es que estemos dispuestos a servir, a ponernos totalmente en sus manos. Como los trabajadores de la viña, lo mismo da que empecemos por la mañana o lleguemos a última hora, los beneficios son los mismos. Nadie va por delante de los demás.

Cuando entregamos todo nuestro ser a Dios, nos despojamos de la vergüenza y la culpa por medio del Espíritu de Dios que las transforma. Allí todo es sanado, todo en nosotros es bienvenido. Todos somos lo que somos. Y, por extraño que parezca, en el Reino eso está muy bien. Tampoco es el Reino un lugar para personas perfectas, antiguas y modernas, que siguen todas las reglas a la perfección. Cada uno de nosotros aportamos nuestros dones y talentos y retos al Reino y todos son bienvenidos, porque todos y todo se utiliza al servicio de Dios.

Pensemos en lo ligeros y libres que seremos.[157] Nos agobiaron mucho las expectativas que asumimos en la infancia y nos causaron mucha ansiedad al intentar encajar en un molde cultural universal. Cuando comprendemos que esas condiciones ya no nos sirven, cuando estamos dispuestos a renunciar a esas cargas, podemos despojarnos de todos los condicionamientos que hemos adquirido en nuestras familias, a través de nuestros amigos, en nuestras escuelas y en la cultura, de todo lo que no tiene nada que ver con lo que realmente somos. Estamos hablando de libertad, la libertad real de ser para lo que fuimos creados, utilizando todo lo que somos al servicio del Señor.

¿Y quién es ese Dios al que serviríamos con todo nuestro ser? Nuestro Dios es el Creador de todo el universo y quizá incluso de múltiples universos, como afirman hoy los expertos en cosmología. Es el Creador del increíble e intrincado sistema en el que todas las formas de vida se sostienen mutuamente. Él es el Amor y todo lo que el Amor implica: aceptación, paciencia, alegría, participación, perdón, presencia y el deseo de estar juntos. Por muy misterioso e incomprensible que sea Dios, Él desea conocer íntimamente a cada uno de nosotros, guiarnos y nutrirnos, consolarnos y acogernos, estar presente para nosotros. Y cuando somos sinceros y nos acercamos a él después de haber cambiado radicalmente nuestro comportamiento humano, es como el padre del hijo pródigo, que sale corriendo a recibirnos, hace una gran fiesta y nos devuelve la herencia que nos corresponde.[158] Infinito e íntimo. Al mismo tiempo, es todopoderoso, nos da libre albedrío y nos permite recrear el mundo. Complejo hasta la mismísima enésima potencia, pero capaz de acompañarnos allí donde estemos. Es creador y cuidador de su creación. Brillante y, sin embargo, capaz de oscurecer su luz para no cegarnos. Dios es la gran paradoja del universo. Conocible y desconocido. ¡Impresionante!

Jesús, en el primero de los dos Grandes Mandamientos[159], nos dice que amemos a Dios con todo nuestro ser: corazón, alma y mente. En la versión de Marcos, añade a estos tres la fuerza[160], que yo interpreto como nuestro cuerpo físico. Así que Jesús nos pide que amemos a Dios con todo nuestro ser. Esto no es nada fácil. Es la principal aventura/desafío de la Vida del Espíritu que nos vaciemos de lo más pequeño de nosotros mismos, para que Dios pueda llenarnos de amor: amor a Dios, a nosotros mismos y a nuestro prójimo. Lo importante no es que nos despojemos de las partes de nosotros mismos que no aman a Dios, sino que las aceptemos, las colmemos de amor, las transformemos y las pongamos bajo la protección del alma, donde son amadas hasta alcanzar el deseo de amar a Dios con todo nuestro ser.

Cada capítulo de la Parte III nos ha descrito una parte de lo que significa amar a Dios con todo lo que somos: nacer del Espíritu, estar preparados, apreciar el Reino, usar nuestros dones y talentos, despojarnos de lo que somos, amar al prójimo como a nosotros mismos, ser niños pequeños con Dios.

*No podemos nacer del Espíritu de forma parcial; tenemos que aportarlo todo de nosotros mismos. *Nuestros preparativos no pueden ser aleatorios o incompletos; tenemos que estar listos en todo momento para su llamada.

*Tenemos que atesorarlo todo: nuestras vidas, las enseñanzas de Jesús, la presencia de Dios, nuestra profesión, la presencia del

Espíritu, y poner estas cosas por encima de todo lo demás en nuestras vidas.

*Necesitamos usar lo que Dios nos dio al ser creados para multiplicar los efectos de los dones y talentos, todo en el contexto de nuestros desafíos. No tenemos que acaparar ni sentir miedo del castigo de Dios; tenemos que utilizar nuestras vidas al servicio de Dios y del Cristo que todos llevamos dentro. *Tenemos que despojarnos de nuestra preocupación egoísta, ser capaces de aprender y crecer y estar libremente en las manos de Dios.

*Necesitamos amar a nuestro prójimo por completo, ayudándolos en lo que podamos, amándolos como Dios nos ha amado.

*Necesitamos acercarnos a Dios como niños pequeños, dependientes, confiados, abiertos completamente.

*Todas y cada una de estas intenciones, gestos y actitudes nos ayudan a llevarlo todo a Dios, que es lo que Jesús nos pidió.

# **PARTE III:** CONCLUSIONES

*El Ágora*

Imagine que visita la antigua Grecia y que se une al paseo diario hasta el ágora, el mercado, el centro de Atenas. Todos los hombres (no puedo evitarlo, ¡es la antigua Grecia!) -ciudadanos de buena posición- se reúnen cada día. Pertenecen al ejército, son comerciantes, filósofos y matemáticos, agricultores y mucho más. En los siglos V y IV a.C., Atenas era una democracia. Contaba con diez diferentes tribus cuyos representantes colaboraban en el gobierno de la ciudad-estado. Analicemos las características del ágora. Es un punto de encuentro, un lugar donde el gobierno se comunica con sus ciudadanos, donde se reúnen unos con otros. Para los hombres que se reúnen aquí hay una sensación de pertenencia, de solidaridad. Se intercambian ideas y bienes, al fin y al cabo es Grecia. Hay inspiración, compañerismo, solidaridad, identidad.

El ágora representa la imagen que me dieron del Reino, pero el Reino es más inclusivo que el antiguo ágora: hombres, mujeres, extranjeros, incluso niños, personas de todas las razas, esclavos y personas libres, de todos los orígenes. El Reino es un estado mental más que un lugar, el punto de encuentro del pueblo de Dios, donde el amor y la misericordia son la moneda común, donde se satisfacen las necesidades, donde nos hacemos presentes los unos a los otros y a la presencia de Dios, donde todos damos y recibimos, donde nadie está por encima de nadie por ningún motivo. Es un lugar donde se honran y se necesitan los dones de todos.

Imagínese estar en ese mercado. No es un lugar muy ordenado ni ideal. Es ruidoso y a veces escandaloso. La alegría brota cuando la gente se ve. A veces hay tristeza cuando alguien trae noticias. Sin embargo, es acogedor para todos. Todo el mundo puede sentir el calor y el sentimiento de pertenencia. Tienen tiempo y energía para estar con los demás. Es un lugar seguro donde hay confianza mutua, un lugar donde se oyen todas las noticias, tanto las alegrías como las tristezas. Se hacen bromas y se dan palmaditas en la espalda. Se comparte la inspiración. Este es el Reino del Espíritu Santo, el que crea, inspira, ama y apoya. La lengua y la nacionalidad ya no son obstáculos. Y es un lugar muy humano donde todas nuestras debilidades y sufrimientos también son bienvenidos. Aquí somos todo el pueblo de Dios, toda la Iglesia de Jesucristo.

Tal y como ocurría en la antigua Grecia, hay un propósito en todas estas interacciones, un propósito al venir al lugar de reunión de aquellos que aman y sirven a Dios y a los demás. Hay un sentimiento de anticipación, de expectación, mientras cada uno espera la próxima palabra del Señor en su vida: lo que debe hacer, con quién y cómo. La gente se mueve, se reúne en torno a una u otra persona, se saluda, incluso a los extraños, porque aquí incluso los extraños son conocidos y queridos. Todo el mundo se siente como en casa, todo el mundo pertenece.

Hay relación, pertenencia, conexión no sólo con los demás, sino con toda la creación: las criaturas y las plantas, el viento y la lluvia, el sol y la luna, la belleza de todo lo que existe. Hay espíritu y alma, un sentimiento de identificación con los demás, la voluntad de poner todo de uno mismo en el trabajo y las interacciones. Aquí no hay distracciones, sólo presencia, sólo amor. No sentimos que el reloj marque las horas, sino que el tiempo, al menos en este momento y en el siguiente, es eterno. Hay amplitud.

Tenemos a Dios en Espíritu, cuyo amor fluye dentro, entre y fuera de cada persona y grupo. Su presencia es palpable. Está Dios, que diseñó todo el universo, que diseñó a todas y cada una de las personas y almas que están aquí con un propósito, un significado y un deseo, que desea que cada persona desarrolle todo su potencial y le devuelva a Dios y al Reino lo que le ha sido dado, para ayudar a hacer realidad el Reino en esta tierra.

La paz, el amor, la alegría, la tolerancia, la bondad, la fidelidad, la amabilidad y el autocontrol -el fruto del Espíritu- están presentes en todos los que se reúnen aquí. El fruto está incluido en el tejido del universo que es el Espíritu de Dios; el fruto es el amor en todos sus aspectos, ya que Dios es el amor que nos une a todos.

A diferencia del ágora, el Reino no es un lugar; es un estado del corazón y la mente. Es un hogar para los que estamos en este mundo, pero no somos del mundo. No es un lugar para personas perfectas, sino sólo para quienes se entregan a Dios con amor. En él, el trigo está entre la mala hierba hasta que llegue la cosecha[161], coexistiendo como en un universo paralelo junto a lo que consideramos el "mundo real". Aquellos que llevan el Reino en sus corazones y mentes lo llevan consigo dondequiera que vayan. Hay dificultades e incluso sufrimiento, pero nadie está nunca solo: Dios camina por la vida con nosotros a cada paso, y en el camino tenemos a estos compañeros, otros que ahora viven en el Reino.

Considere cuán diferente es esto de la idea tradicional del Reino que describí en la Introducción de este libro; no es el cielo, un lugar al que vamos después de morir si seguimos perfectamente la ley de Dios. El Reino es un lugar dinámico, sin reglas, porque una vez que Cristo está firmemente implantado en una persona, esa persona no puede desobedecer la ley. Ni siquiera es una preocupación.

El Reino es un lugar vivo, que respira, en el que podemos habitar libremente y con amor. Para los que vivimos en el Reino, es más que nada un hogar, un verdadero hogar donde siempre somos bienvenidos y donde nos sentimos realizados al vivir nuestro propósito.

Cuando hablamos de habitar en el Reino, estamos hablando de llevar todo nuestro ser a Dios: "lo bueno, lo malo y lo feo", como dice el título de la vieja película del Oeste. Podríamos decir que este es el precio para poder entrar en el Reino: para hacerlo se necesita todo lo que somos, con todas sus imperfecciones; no debemos rechazar nada de nosotros mismos. Esto recuerda el gran mandamiento de Jesús: amar a Dios con todo nuestro ser -corazón, alma, mente y cuerpo ( fuerza)[162].

Entre paréntesis, añadiré que creo que, si podemos amarnos a nosotros mismos, podremos amar a Dios y a los demás. Este es mi razonamiento:

Cuando nos negamos a aceptar partes malas de nosotros mismos, estamos creando muros a su alrededor para no tener que verlas. Esperamos que desaparezcan si nos "olvidamos" de ellas. De hecho, ocurre lo contrario: Lo que se niega adquiere más poder sobre nosotros. Esas barreras que nos separan de nuestro yo menos deseado nos alejan no sólo de nosotros mismos y de los demás, sino también de Dios, separando así una buena parte de nosotros de Dios y limitando gravemente nuestra relación con Él. Al hacer esto, incumplimos el Gran Mandamiento de Jesús incluso cuando decimos que lo amamos. Tal vez por eso hemos elegido ver el cielo como el lugar perfecto donde sólo viven personas perfectas; eso justifica una relación cortada con Dios.

Dios, que nos ha creado, nos ve así: como personas enteras, completas, con defectos y todo. Él nos ama, a todos nosotros. Nos dio libre albedrío; siempre supo cómo nos comportaríamos y, sin embargo, siempre está "sembrando la semilla "[163], enviándonos sus invitaciones, que pueden caer en suelo pedregoso y arcilloso o entre las espinas o, a veces, en tierra buena, con la esperanza de atraernos a probar su visión de nosotros, su palabra, su esperanza para nosotros.

Como hemos visto en la Parte III, en la Parábola del Hijo Pródigo[164], tanto el hijo pródigo como el hijo "bueno" han faltado a la relación correcta con su padre. El primero se va de casa, se rebela y gasta toda su herencia. Y el segundo no deja de seguir las normas y nunca llega a conectar con el amor de su padre. Ambos necesitan reparar la relación con su padre.

El Reino está compuesto por personas íntegras que reconocen sus defectos, que viven lo más cerca posible de su propósito, que aman a Dios con todo su ser. Para vivir en el Reino se necesita una profunda relación con Cristo, o como dice Pablo, "pero tenemos la mente de Cristo."[165] El Reino es el lugar donde podemos ser reales, donde podemos descansar plenamente, es el único hogar real para nosotros.

En mi opinión, Dios tiene un propósito específico en mente para cada uno de nosotros a través de nuestra creación única que, si se vive, traerá el Reino vivo y a la vista en esta tierra. Dios nos necesita a cada uno de nosotros en el mundo haciendo aquello para lo que fuimos creados, cada uno de nosotros aportando nuestra voz al coro de personas que pueden amar y seguir al Señor. Creo que hemos malinterpretado los versículos de la Biblia que hablan de la segunda llegada de Cristo en el sentido de que sólo Cristo salvará a los creyentes y juzgará a todos los demás. ¿No será que Cristo está esperando a suficientes hombres y mujeres que vivan sus verdades evangélicas, que amen como Él ama, antes de volver? Si fueran Cristo, Dios y el Espíritu Santo, ¿no querrían ver suficientes personas reales vivas con su amor para probar lo que Jesús enseñó, para concretar, realizar el Evangelio aquí en la Tierra?

Para mí, este es el propósito de la iglesia, el único cuerpo de Cristo: hacer realidad la canción: "Por nuestro amor, por nuestro amor, sabrán que somos cristianos." Mucho me temo que la Iglesia está muy lejos de vivir estos versos, con miembros de la Iglesia que no se respetan ni se aman, con grupos que se pelean y no se abrazan, con nosotros que no vivimos la naturaleza radical de las enseñanzas de Jesús, sino sólo una versión suavizada en la que creemos que quedamos bien, pero los demás pueden ver la hipocresía que hay en nosotros.

No pensemos ya en el Reino como algo lejano, al que sólo podemos llegar cuando hayamos muerto, sino como un "lugar" real y vital, una alternativa al mundo tal como lo vemos, tan real como el mundo que conocemos, pero con leyes diferentes. El Reino está aquí y ahora, está tan cerca de cada uno de nosotros como nuestro aliento y es fácilmente accesible, si estamos dispuestos a vivir en Dios y a seguir sus indicaciones. Él desea evocar en nosotros la capacidad de amar, y cuando podamos amar -aceptar, acoger, perdonar, ser pacientes, ser amables con nosotros mismos y con los demás- entonces nos encontraremos viviendo en el Reino.

Pocas cosas podemos hacer por nosotros mismos que nos permitan entrar en el Reino de Dios. Sólo si nos ponemos en manos del Espíritu Santo y nos entregamos de forma continua a mantener una relación profunda y duradera con Dios, el Espíritu Santo podrá transformarnos en personas que sirvan al Señor incondicionalmente. Y entonces, ya no buscaremos en el Reino un lugar donde sentirnos bien, un lugar perfecto, sino un lugar donde hacer el bien con el espíritu del amor.

## La Llamada

Si espera el paraíso después de morir, entonces no le conviene recibir este mensaje. Si cree que sólo a Cristo le corresponde traer el Reino o la Segunda Llegada, entonces puede dejar de leer ahora.

Para que el Reino se haga visible en este mundo, y sea una alternativa viable para mucha gente, algunos cristianos necesitamos empezar a vivir en él ahora mismo, demostrando la libertad, el cuidado y el valor de vivir en el Reino. Cristo nos llama a todos -lo llama a usted- ahora. ¿Quiere responder "SÍ" y seguir su ejemplo? ¿Buscará una estrecha relación con Cristo que le otorgue el fruto del Espíritu? ¿Trabajará amorosamente para hacer realidad el Reino en este mundo? ¿Hará realidad la oración del Señor: "Venga a nosotros tu Reino"? ¿Quiere ser una de cada mil personas? ¿O una de las diez mil personas que pueden amar? ¿O una entre cientos de miles? ¿Quiere ayudar a que el Reino sea una realidad en esta generación?

Todos los versículos a los que me he referido en este libro sobre las enseñanzas de Jesús sobre el Reino son sólo información, algo interesante, si no los tomamos en serio, si no vemos que se aplican a nosotros, a nuestras vidas o a nuestra relación con Dios. La llamada llegará a oídos sordos, como ha sucedido durante dos mil años. Si somos conformistas, si creemos que tenemos una relación correcta con Dios, lo que he escrito aquí no nos dará ninguna motivación para que ocurra algo nuevo en nuestras vidas.

Podemos seguir hasta que muramos viviendo como lo hacemos, podemos seguir yendo a la iglesia, y haciendo "buenas obras", todo esto básicamente desconectado del llamado de Jesús. Podemos llamarnos cristianos y nunca ponernos a nosotros mismos o nuestras vidas en las manos de Cristo. Podemos ir sin cambiar por nuestras vidas, conformes con lo que tenemos y con lo que somos.

Pero hay una llamada en todo lo que he escrito, para que todos la escuchemos y la atendamos, una llamada a salir de la comodidad, a hacer espacio para Cristo en nuestras vidas, a adoptar la mentalidad de Cristo, a cumplir con nuestro propósito, a traer el Reino aquí y ahora en esta tierra. Debemos salir de nuestras cómodas vidas, en las que nos limitamos principalmente a la Tierra, e invitar a Cristo a nuestras vidas, para que nos transforme en personas capaces de amar, capaces de vivir en el Reino.

En cada uno de los versículos de la Biblia se hace una llamada a quien tenga oídos para oír y ojos para ver. Jesús nos invita a vivir en abundancia, con los ojos bien puestos en el Padre y en su voluntad. Sus enseñanzas -desde el Sermón de la Montaña hasta su camino hacia la cruz- nos invitan a aprender de Él a vivir de verdad.

Dios nos invita, nos sugiere, nos atrae hacia nuestra verdadera vida, para que vivamos de acuerdo con el propósito para el que fuimos creados. No nos castiga si no lo hacemos. No nos engaña. Nos deja afrontar las consecuencias. Si, con seriedad y dedicación, respondemos a su llamada, nos guiará hasta alcanzar nuestro propósito, que es llevar el Reino de Dios a esta tierra tal y como está implícito en nuestros dones y talentos. Cuando podemos ser fieles a nuestro propósito, cuando actuamos con amor dondequiera que vayamos y en cualquier cosa que hagamos, entonces estamos llevando el Reino sólo por nuestra forma de estar en el mundo. Lo que marca la diferencia es la capacidad de amar como Dios ama.

Sólo Dios puede aprovechar la materia prima de lo que somos hoy, los errores que hemos cometido, los sufrimientos que hemos padecido, la persona para la que fuimos creados, y transformarnos en personas capaces de amar de verdad. Poco a poco, él va sanando las partes de nosotros que le ofrecemos. Paso a paso, nos entrena para perfeccionar nuestras habilidades. Poco a poco, a medida que ofrecemos más y más de nosotros mismos, a medida que aprendemos a confiar de verdad en Dios y en su benevolencia hacia nosotros, nos convertimos en lo que Él quería para nosotros en el momento de nuestra creación.

En algún momento de este proceso que nos lleva a profundizar en nuestra relación con Dios, seremos bendecidos con el fruto del Espíritu, y seremos capaces de amar, de alegrarnos, de tener paciencia, de estar en paz, de ser amables y buenos, de ser fieles y de tener dominio de nosotros mismos166 con todos aquellos con los que nos encontremos. Son cualidades que no podemos adquirir por nosotros mismos. Son el fruto, el producto final de un proceso de crecimiento, de maduración de la dependencia, del amor y de la confianza en Dios.

Una vez que se nos ha concedido el fruto del Espíritu, y lo expresamos en todo lo que hacemos y decimos, entonces entramos en el Reino. Todo lo que hacemos, lo hacemos con amor. Lo que somos se convierte en una muestra de amor en este mundo, igual que la vida de Jesús fue una muestra de amor en su mundo. Ahora somos capaces de formar una comunidad, una verdadera comunidad de iguales, de los que tienen la misma dedicación, donde todos pertenecen, donde los dones de todos son esenciales.

Esta es la imagen del ágora. Es un punto de encuentro dinámico de iguales ante Dios. Es un espacio donde se comparte información, historias e inspiración, donde se sostiene el sufrimiento de él, donde se honra lo que ella es, donde se comparte la propia humanidad. Sin embargo, no es un lugar perfecto; es un lugar donde lo Divino domina a personas muy humanas, a todo el pueblo de Dios.

El Reino es la Iglesia, el cuerpo completo de quienes están viviendo su naturaleza humana y divina, pero con su vida claramente centrada en el Señor. Ellos están verdaderamente en este mundo, pero no son del mundo.

Entonces... ¿Escucha la llamada en este libro, en estas palabras? ¿Responderá a la llamada con un rotundo "SÍ"? ¿Será usted uno de los que traerán el Reino? ¿Quién hará que las palabras que cada domingo rezamos - "Venga a nosotros tu Reino"- sean verdaderas y reales en esta tierra? ¿Entregará su vida a Dios y dejará que Él lo guíe a donde Él quiera llevarlo? ¿Renunciará cada día a sus suposiciones, expectativas y deseos sobre cómo debería ser el mundo para aceptar cómo es ahora mismo en su vida? ¿Pondrá a Dios en primer lugar por encima de todo lo demás?

El poeta alemán Rainer Maria Rilke describe así lo que se interpone entre nosotros y el Reino:

Entre nosotros no hay más que un estrecho muro,

y por pura casualidad; pues sólo bastaría una

llamada de tus labios o de los míos para derribarlo,

y eso sin hacer ruido.

El muro está construido con tus imágenes.

Se alzan ante ti ocultándote como nombres...167

Sea el Reino. Viva su propósito. Sea fiel a sí mismo y a Dios. ¡AHORA!

# ACERCA DE LA AUTORA, PATRICIA SAID ADAMS

Soy directora espiritual y bloguera dedicada a vivir la vida que Jesús enseñó. No soy teóloga ni ministra, así que la perspectiva a través de la cual veo el Reino es la siguiente: ¿cómo puedo, cómo podemos, experimentar esta vida centrada en Cristo? ¿Cómo construimos una relación con Cristo para que el Espíritu Residente nos transforme y nos ayude a realizar nuestro propósito para el que hemos sido creados aquí en la Tierra? Mi blog está en mi sitio web, patsaidadams.com, con ideas para realizar prácticas espirituales en deepeningyourfaith.com y en YouTube en By the Waters by Pat Adams. Soy autora de otros tres libros: Called to Help the Poor and Needy ("Llamada de Ayuda a los Pobres y Necesitados"), A Study Guide to the Beatitudes and the Sermon on the Mount ("Guía de Estudio de las Bienaventuranzas y el Sermón de la Montaña") y Exodus: ¡Nuestra Historia También! Vivo en Matthews, Carolina del Norte..

PATRICIA SAID ADAMS

Referencias

| | |
|---|---|
| 1 | Mateo 5:48 |
| 2 | Strong's # 5455(Adj.), 5456(n.), 5457(v.), 5458(adv.), p. 1596, Teleios es la forma adjetiva de la palabra que significa perfecto en términos de plenitud o cumplimiento en el griego antiguo. |
| 3 | Mateo 6:28 |
| 4 | Lucas 15:11-32 |
| 5 | Lucas 4:18-9 |
| 6 | Mateo 3:2 KJV |
| 7 | Mateo 3:2 NIV |
| 8 | Lucas 17:21 KJV |
| 9 | Lucas 17:21 NIV |
| 10 | Lucas 17:21 NLT |
| 11 | Mateo 13:33 NIV |
| 12 | Puede que los contemporáneos de Jesús se hubieran sorprendido de su metáfora de la levadura en todo el pan horneado. En su mundo, la levadura era símbolo de corrupción. (http://www.bibletools.org/index. cfm/fuseaction/ Topical.show/ RTD/cgg/ID/1559/Leaven-as-Symbol.htm) Una vez más, la corrupción no era evidente, pero sí determinante de la forma y naturaleza de la sociedad de la época. |
| 13 | Jesús decía a menudo que los que tienen ojos vean y los que tienen oídos oigan. Marcos 8:18 es un ejemplo. |
| 14 | Véanse los Discursos Finales en Juan, Capítulos 14-17 |
| 15 | Mateo 4:19, 16:24, Marcos 1:17, 8:34-5, Juan 14:6 para algunos ejemplos |
| 16 | Juan 15:9-17 |
| 17 | John 18:36 |
| 18 | Mateo 13:31-2 |
| 19 | Mateo 6:28-34 |
| 20 | Mateo 13:1-9 |
| 21 | Mateo 13:24-30 |
| 22 | La Biblia de Estudio NVI, Grand Rapids Michigan, Zondervan, 1985, p. 1461 |
| 23 | Mateo 13:47-50 |
| 24 | Mateo 7:16, 18 |
| 25 | Génesis 9 8 Entonces habló Dios a Noé y a sus hijos que estaban con él, diciendo: 9 He aquí, yo establezco mi pacto con vosotros, y con vuestra descendencia después de vosotros, 10 y con todo ser viviente que está con vosotros: aves, ganados y todos los animales de la tierra que están con vosotros; todos los que han salido del arca, todos los animales de la tierra. 11 Yo establezco mi pacto con vosotros, y nunca más volverá a ser exterminada toda carne por las aguas del diluvio, ni habrá más diluvio para destruir la tierra. 12 Y dijo Dios: Esta es la señal del pacto que hago entre yo y vosotros y todo ser viviente que está con vosotros, por todas las generaciones: 13 pongo mi arco en las nubes y será por señal del pacto entre yo y la tierra. |

26  Marcos 4:26-29

27  Mateo 7:13-4

28  Mateo 6:26-28

29  Lucas 15:11-32

30  Lucas 15: 31-2

31  Gálatas 5:22-23

32  Mateo 20:1-16

33  Mateo 20:15-16

34  Gálata 3:28

35  Mateo 18:21-35

36  Lucas 6:31

37  https://www.workingpreacher.org/preaching.aspx?commentary_id=1040, 6.15.15

38  Concordancia exhaustiva Zondervan NVI, Strong's 1324, p. 1539

39  http://www.jesus.org/life-of-jesus/parables/what-does-the-unmerciful-servant-teach-us.html, 6.12.15

40  Mateo 8:12, hablando al centurión; 13:42, explicación a la Parábola de la Mala Hierba; 13:50, la Parábola de la Red; 22:13, la Parábola del Banquete Nupcial; 24:51, la Parábola de las Vírgenes Prudentes e Insensatas/"el día y la hora desconocidos"; y 25:30, la Parábola de los Talentos.

41  Lucas 13:28 — "Allí habrá llanto y rechinar de dientes cuando vean en el Reino de Dios a Abraham, Isaac, Jacob y a todos los profetas, mientras a ustedes los echan fuera."

42  Junto con el libro del Nuevo Testamento Apocalipsis.

43  "Desde allí ha de venir a juzgar a vivos y a muertos" Nicene Creed of 325 CE. www.newworldencyclopedia.org/entry/Nicene_ Creed#The_original_ Nicene_Creed_ of_325, 9/5/11.

44  Más información en http://en.wikipedia.org/wiki/Second_Coming_of_ Christ para saber más sobre los líderes y sectas que a lo largo de los siglos han hecho predicciones sobre la segunda venida de Cristo. Acceso a 9/5/11.

45  Mateo 4:19

46  Mateo13:47-50

47  Mateo 13:24-30

48  Concordancia Exhaustiva Zondervan NVI, Strong's # 4911, p. 1590

49  Matthew 13:36-43

50  Mateo 13:41-2

51  Mateo 6:33

52  Marcos 12:28-31

53  Mateo 25:31-46

54  Asimismo, según la tradición del Antiguo Testamento, las cabras cargaban con los pecados de los hebreos como chivos expiatorios, los que cargaban con los pecados del pueblo y eran sacrificados en lugar de un ser humano

55  Mateo 25:36

56  Mateo 21:31 — ¿Quiénes son estas "ovejas" que serán bienvenidas en el Reino? En los atrios del templo, Jesús pide a los recaudadores de impuestos y

a las prostitutas un lugar en el Reino porque creyeron cuando muchos no lo hicieron.


57    Mateo 21:43 — ¿Quiénes son las "cabras" de las que habla? Aunque también anuncia que los que produzcan fruto estarán en el Reino, Jesús dice que los de su audiencia, los sumos sacerdotes y fariseos, no.

58    Mateo 22:1-14

59    Mateo 5:3

60    Mateo 5:10

61    Concordancia Exhaustiva Zondervan NVI, p. 1542, Strong's #1466. La palabra griega para rectitud es dikaiosyne, que significa hacer lo que concuerda "con las normas de Dios" y "estar en relación apropiada con Dios".

62    Mateo 5:19-20

63    Ibid.

64    Mateo 6:33

65    Mateo 7:21

66    Mateo 13:11-2

67    Mateo 8:11-2

68    Mateo 19:14

69    Mateo 18:2-4

70    En la Parte III trataremos un poco más de nuestro papel en la entrada en el Reino.

71    Mateo 25:1-13 72

72    Mateo 25:14-30

73    Mateo 20:1-16

74    Mateo 13:47-50

75    Mateo 13:24-25

76    Mateo 18:32-33

77    Mateo 23:13-4

78    Mateo 13:24-26

79    Mateo 5:19

80    Mateo 13:37-9

81    Mateo 19:23-4

82    Mateo 13:40-2

83    Mateo 25:30

84    Mateo 13:50

85    Mateo 22:6-7

86    Mateo 25:46

87    Mateo 22:37

88    Mateo 22:14, el final de la Parábola del Banquete Nupcial

89    Juan 15:19

90    Marcos 12:28-31

91    Mateo 26:36-46

92    Mateo 3:11ff

93    Juan 3:5

94    Juan 14:26

95     Hechos 2

96     Hechos 26:12, 15-16

97     Gálatas 1:18

98     Cynthia Bourgeault, La Sabiduría de Jesús, Shambala, Boston y Londres, 2008 pps. 42-3

99     Mateo 25:1-13

100    Mateo 22:1-14

101    Mateo 22:13-14

102    Gálatas 5:22-23

103    Lucas 15:3-7

104    Lucas 15:8-10

105    En versiones anteriores se usaba la palabra "pródigo", que significa "derrochador, extravagante o gastador". En la versión NVI, el hijo se caracteriza como "perdido".

106    Lucas 15:17-19

107    Mateo 6:33-4

108    Mateo 6:28

109    Mateo 13:44-46

110    Mateo 13:44

111    Éxodo 20:3

112    Mateo 13:45-6

113    Lucas 9:59-62

114    Lucas 9:60

115    Lucas 9:61

116    Mateo 15:4

117    Mateo 10:37, Lucas 14:26

118    Lucas 22:42

119    Mateo 27:46, Marcos 15:34

120    Mateo 24:4-5, 11:23-27, Mateo 24:30-31; 16:27, 24:37-39, Lucas 17:28-30, Lucas 21:34-36, Mateo 24:40-44, Mateo 25:1-12, Lucas 12:37-8, Juan 14:1-3, Mateo 25:13, Mateo 24:36, Lucas 12:40, Mateo 25:31-46 y Marcos 8:38

121    Mateo 25:14-30

122    Mateo 25:14-30

123    https://www.biblegateway.com/passage/?search=Luke%2019,      pie    de    página  accedido 8.1.14

124    v. 21

125    v. 26

126    Lucas 19:11-2

127    Mateo 25:35-6

128    Cynthia Bourgeault, La Sabiduría de Jesús, Shambhala, Boston, 2008, pp. 42-7

129    http://salt.claretianpubs.org/issues/spirituality/beat.html "Climb t  h  e Ladder of the Beatitudes

130    Mateo 5:3

131    Bourgeault, p. 42

132    Mateo 5:4

133    Bourgeault, p. 43

134    Mateo 5:5

135    Bourgeault, p. 43

136    Mateo 5:10

137    Henri Daniel-Rops, The Church of Apostles and Martyrs, Vol. II, Image Books, New York, 1962, pp. 108-115

138    Bourgeault, p. 46

139    Mateo 11:29-30

140    Éxodo 3:1-6

141    Mateo 23

142    Mateo 23:1-12

143    Mateo 6:28ff 144

144    Juan 13:1-17

145    Lucas 22:26-7 146

146    Marcos 12:28-30 147

147    Lucas 10:25-37 148

148    Lucas 10:36-7

149    Zondervan NVI Concordancia Exhaustiva, 2ª Edición, p. 1547; Strong's #1799.

150    Pero no por un rígido autocontrol, sino porque confiamos plenamente en que todas nuestras necesidades serán satisfechas, por lo que no tenemos que hacerlas valer en absoluto.

151    Mateo 25:31-46

152    Ibid.

153    Mateo 19:13-15, Marcos 10:13-16, Marcos 9:37

154    Lucas 12:30-31

155    Marcos 12:30

156    Mateo 22:36-40, Marcos 12:28-31

157    ¿Recuerdas? Jesús dijo que "su yugo es fácil y su carga ligera".Mateo 11:30

158    Lucas 15:11-32

159    Mateo 22:37-39

160    Marcos 12:30

161    Mateo 13:24-30

162    Lucas 10:25-8

163    Mateo 13:1ff

164    Lucas 15:11ff

# Bibliografía


Kenneth Barker, Editor General, La Biblia de Estudio NVI, Zondervan Bible Publishers, Grand Rapids, Michigan, 1985. Todas las referencias bíblicas son de la NVI a menos que se señale lo contrario.

Cynthia Bourgeault, La sabiduría de Jesús, Shambhala, Boston y Londres, 2008.

Goodrick & Kohlenberger III, Zondervan NIV Exhaustive Concordance, 2ª edición, Grand Rapids, Michigan, 1999

Henri Daniel-Rops, La Iglesia de los Apóstoles y los Mártires, Vol. II, Image books, Nueva York, 1962

Eds. Mary Rose Bumpus y Rebecca Bradburn Langer, Supervisión de directores espirituales, Morehouse Publishing, Nueva York, 2005